運、タイミング、テクニック
に頼らない!

最強の
ファンダメンタル
株式投資法

Fundamental Stock Analysis

v-com2 著

ダイヤモンド社

はじめに

「財務諸表を読めなくても株式投資で成功できる」

株式投資で実際に成功している人でさえ、そういった趣旨のことを言う人がいます。けれど、安易にそのようなことを言わないで欲しいというのが、個人的な願いです。

財務諸表をある程度読めて株式投資に生かせるようになってくると、企業がどういう意図でさまざまな戦略を実行しているかが見えるようになってきます。それは非常に楽しいことですし、明らかに投資成績につながっていると思います。たしかに財務諸表を読めなくても成功できる人はいると思いますが、読めたほうが成功する確率は圧倒的に上がるでしょう。それは、これから本文の中でもさまざまな事例を使って触れていきますが、企業の「実態」を把握しやすいからです。基本的に数字は嘘をつきませんし、ちょっとした数字のトリックがあっても、関連する知識が自分の中にあればそれを見抜くことができます。すると、人より先にチャンスに気づけるようになり、株価に振り回されず、未来を見据えてどっしり構えた投資ができるようになります。

その積み重ねとして、確実に年間数％はパフォーマンスが向上してくるはずです。たった数％かもしれませんが、それが何年も積み重なることで、長期においてはかなりの差が出てくると感じています。

ただ、財務諸表を読めるといっても、その範囲もレベルも非常に多岐に渡ります。また、財務諸表が読めたとしても、企業の何もかもがわかるわけではありません。財務諸表はあくまで過去の数字なので、単に数字の意味がわかるといっただけでは、企業の未来に投資する株式投資に応用できないからです。

そこで、本書においては財務諸表の数字の読み方だけでなく、具体的な投資への生かし方をメインにご紹介していきます。たくさんの事例に触れていただくことで、財務諸表を読むことと、それを投資に生かすことの架け橋になるヒントをたくさん提供できればと考えております。そうすることで、既に財務・会計の知識がある人が投資の世界に入りやすくなると思いますし、逆に投資の経験はあるけれど財務・会計の知識が不足している人が、財務・会計に興味を持つきっかけになってくれればうれしく思います。

銘柄選びの基本になる3つの視点

それでは、私は実際に財務諸表を読みながらどのような投資をしているのか？

一言でいえば、「ローリスク・ミドルリターンと思われる優待株を探し出し、中長期で資産形成する投資を目指す」というものです。そしてどのような観点でローリスク・ミドルリターンを見出すかというと、**「優待面」「資産面」「収益面」の3つの観点から総合的に考えて企業価値を大まかに推測し、その企業価値と現状の株価とを比較して割安と思える株を購入**することを心がけています。

「企業価値」は完璧に算定できるものではありませんし、私も毎回手探りで考えています。ですが、傾向を把握すれば大まかには算定できると考えています。その大まかな方向性が正しければ、いずれどこかで株価は「企業価値」に近づく（株価が上昇する）という大きな前提を置いています。

さらに、より効率的な投資となるよう、株価が企業価値に近づくためのカタリスト（材料）が存在しそうかどうかという点も重視します。

まず、「優待面」ですが、私は基本的に優待株にしか投資しないことをルールにしています。

これは単に優待が好きだからというだけではなく、優待があることは、中長期保有が苦でなくなるなど、個人投資家にとって相対的に大きく有利な面があることを実感しているためです。

優待株の株価は9ページの図のように、優待利回りと権利日までの期間を意識して動く傾向があります。また、より長い目で見ると、高利回りのお得な優待株はじわじわと人気化して株価が上がることが多いと考えます。毎年の利益がほとんど変わっていないのに、優待面の魅力だけで株価が大きく上昇する企業もあり、特に、機関投資家の少ない中小型株にその傾向が強いです。この観点を理解するには、優待そのものの特徴を考えていく必要があります。

次に、「資産面」ですが、企業が保有する純資産が多いほど企業の価値が高くなるという考え方です。一般的に純資産の価値に魅力を見出すのは資産株投資と言われるものです。

資産株投資では保有する純資産の価値よりも株価が割安な企業に投資していきます。純資産を多く保有する企業は安全性も高くなります。一方で純資産はそう短期には積み上がらないため評価されづらく、長い間、資産額から見た適正ラインの下の株価で放置されることも多くなります。その結果、資産株投資は9ページの図のように、何らかの材料（カタリスト）が出た時に株価が大きく動くことを期待して行うことが多いため、カタリストとなりうる材料を探すことがより重要になります。カタリストとしては自社株買いや増配が一般的ですが、時には業界再編によるM&Aの対象になることもあります。

資産面の観点を追求するには、純資産の構成要素（資産と負債）を考えていく必要があります。それを示している財務諸表が貸借対照表ですので、貸借対照表の構造を知っておくことが必須ですし、資産株投資にはどんな傾向があるのか、例外的なパターンにはどんなものがあるのか、事例を含めて知っておくと今後どう変化していくのかが見えてきやすいと思います。

最後に、「収益面」ですが、企業が年々利益を伸ばし成長することで企業の価値が上がるという考え方です。一般的に企業の利益に魅力を見出すのは成長株投資と言われるものですが、成長株の株価は9ページの図のように、利益と株価が概ね比例して動く傾向があることを想定しています。タイミングのずれはあったとしても、利益成長自体が株価を動かす材料(カタリスト）となると考えるものです。企業が利益成長するに伴い適正株価も上がっていくと考えるのが出発点になります。

収益面を追求するには、利益の構成要素（収益と費用）を考えていく必要があります。収益と費用の一覧を示している財務諸表が損益計算書ですので、損益計算書の構造を知っておくことが必須になります。

現実の企業はこれら3つの面がすべて魅力的ということはまずありえず、どこに魅力を見出すのかは自分自身で考える必要があります。成長株と優待株という視点では魅力的だけど資産面では魅力がないなど、いくつかの視点の組み合わせで考えることが必要ですし、どの程度「魅力的」なのかも企業によって千差万別です。そして株価は市場全体のムードにも左右されるため、現実の株価の値動きはよりランダムに見えてきます。

けれど、**この3つの大きな視点を整理して自分の中に持っておくと、自分に合っているのはどのような特徴を持った企業への投資なのかが把握しやすくなってくると思います。**また、いろいろな知識を勉強するときも、さまざまな材料を分析するときにも、どの視点の魅力が増減するのかを見出しやすいのではないかと思いますので、ぜひご自身でも今まで身につけてきた知識を整理しつつ、新たな視点の獲得に努めていただければ幸いです。そうすれば、株式投資への向き合い方について、自分なりの核となるものができてくるはずです。

ちなみに私自身が一番好きで相性がいいのは成長株＋優待株の組み合わせで、なおかつ東証1部昇格をカタリストとして想定できる投資先です。けれど、資産株＋優待株の組み合わせにも分散投資していますし、優待面だけが非常に魅力的な投資先もあります。

すべての面において最高の条件の銘柄など通常は存在しないことから、大きな視点で投資対象の魅力を見出すことが重要です。

それは単純にPERやPBRが何倍だから買い（売り）などというルールを作るよりももっと重要なことです。私個人は、特に指標面ではあまりガチガチのルールを決めておりません。大まかな方向性で魅力を感じるなら買い、魅力がなくなってきたら売りとしています。経験上はそれでも案外通用するし、もし失敗したなと思うなら微修正を加えて行けばいいだけです。また、最初に大きな視点を持っておくと、どんどん派生する知識を吸収していけます。そういうプロセスを経て、自分に合った手法が次第にわかってくる経験をしてきました。

私が実際に体験したことですが、株式投資の本を出したり雑誌に記事が掲載されたりするようになると、よく誤解されるのは100％に近い確信をもってその銘柄を買っていると思われることです。また、必ず儲かるような手法を使って売買しているんでしょ、だから手っ取り早くそれを教えてよというような質問がきたりします。大きな誤解です。なぜなら市場は常に変化する複雑なものだからです。ある時期にある手法で勝ちを積み上げてきたからといって、それが永遠に続くわけではありません。だから誰もが試行錯誤しながら投資をしています。

けれど、大きな考え方というのはあまり変わらないものです。優待、資産、成長など何らかの面で本当に魅力的な株はどこかで必ず評価される。だから何が魅力の本質なのかを常に追求すべきと考えています。たとえ株式投資で利益の出ない時期が長く続いたとしても、続けていることで見えてくるものがあります。

株価指標や財務分析のさまざまな事例やパターンをご紹介するのは大まかな料理のレシピみたいなものでしょうか。レシピを知ったとしても、素材（銘柄）は自分で探してこないといけないし、どう料理するか（売買タイミング）は実際には自分で決めないといけません。その結果、美味しくできたか（利益が出たか）結果が出るわけですが、満足できなければ何が悪かったのかを自分で修正しなくてはいけません。そういう繰り返しを経て少しずつ美味しい料理を再現できるようになる可能性が上がるわけです。

ある程度継続的に利益を出している人でも、毎日の試行錯誤の中で不確実な世界に自ら飛び込んで行っていることを感じて欲しいと思います。レシピを把握することはもちろん大事ですが、その先の自分自身で体験することがもっと大事であるということが、私が初めにお伝えしたかったことです。

それではまずは大きな方向性というレシピのご紹介に参りましょう。株式投資の本を読んで、具体的に自分の投資に当てはめるにはどのようにしたらよいのかを考え続ける人が、成果を出せる人です。ぜひ、ご自身の経験と照らし合わせて、今後の投資に取り入れていただければ幸いです。

まとめると、優待・資産・成長の面から、現在または将来の価値に対し

株のタイプ別株価はどう動く？

優待株の場合

権利日と知名度向上に伴って
株価は上昇する

ポイント
利回りが高いうちに将来の人気化を見越して、権利日も意識しながら購入を目指す！

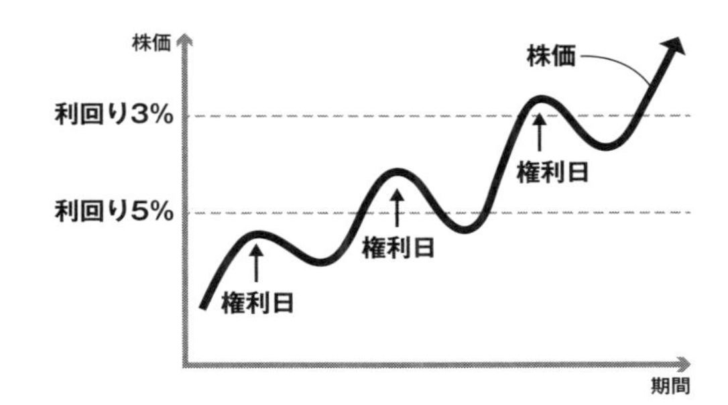

資産株の場合

カタリスト（材料）の発生可能性がカギ!

ポイント
カタリスト発生前は値動きは緩やかで低位安定のイメージ

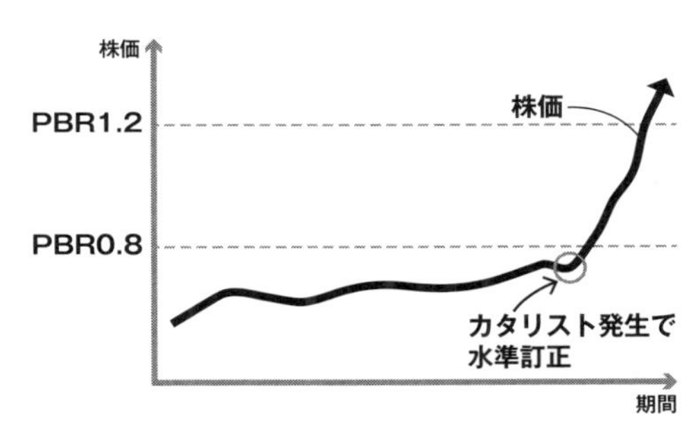

成長株の場合

利益成長自体が
緩やかなカタリスト（材料）になって上昇する

ポイント
株価＝1株当たり利益（EPS）×PER
EPSの上昇（利益成長）と
PERの上昇（人気化）で大化けも！

成長と共にラインも上昇

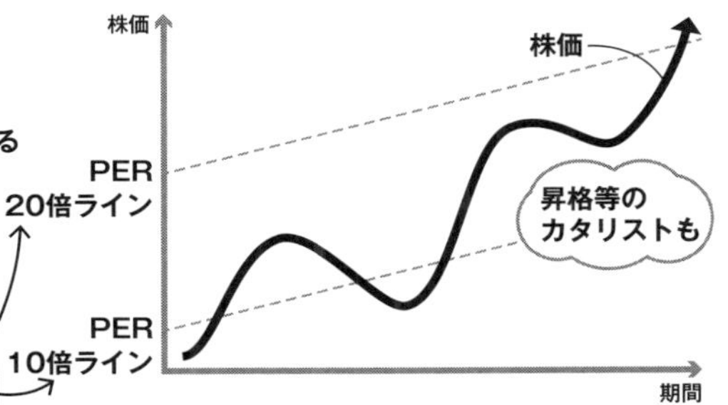

相場全体のムード

相場全体のムードは読まない（読めない）

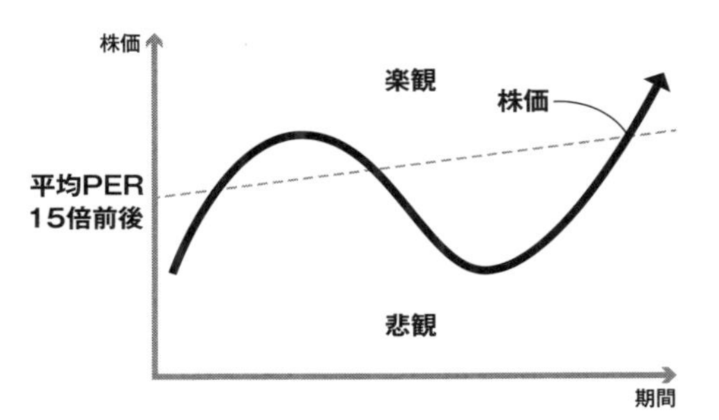

て割安な株が、何らかのカタリストの発生により割安感が解消されるプロセスを狙う——。このストーリーを描ける投資先を、私は日々探しています。

個別銘柄の動きは一見ランダムですが、上記のすべてが合算されていると考えてみると、何か見えてくるものがあるかもしれません。

なお、私はチャート分析などテクニカル系の類についてはほとんど捨ててしまっています。それが自分には合っているというだけで、併用したいという方は自分なりに工夫すればよいのではないでしょうか。

もくじ

第3章

第4章

第5章 資本政策のまとめ これが全パターン ………139

第6章 「のれん」「会計方針の変更」特殊要因を学ぶ ………169

意外と知られていない
株主優待の本当の実力（パワー）

株主優待株をすすめる合理的な理由

どういう投資がオススメなのかを聞かれることがよくあります。けれど、誰にとっても最適な投資法というのはそもそも存在しないと思っていますので、株式投資を継続して行っていこうという方であれば、**「自分に合った手法」を探すことが課題になります。**デイトレードやチャート分析が向いている人もいるでしょう。けれど、企業の業績をベースとした王道の株式投資を目指すのであれば、株主優待をきっかけに株式投資の世界へ入り、まずは優待を追求してみるのも、投資に慣れるのになかなかよい方法ではないかと思います。

そこで、参考までに私がベースにしている手法をご紹介しますと、一言でいえば優待株に限定して、何らかのカタリストに先回りする投資です。東証1部昇格への先回りがここ数年はメインになっていますが、優待内容の知名度や人気が上昇することを見越した先回りや、優待が新設されるのではないかという期待のある非優待株への投資など、新たにチャレンジしていることもいろいろあります。すべては私が株主優待を長年追求してきた結果として派生的に生まれてきたものです。株主優待一つとっても、とことん追求しているとさまざまな投資アイディアが生まれてくることを実感しています。

株主優待のメリットはどのようなものでしょう。

- 品物が送られてくるため、投資の「果実」がわかりやすい
- 企業に対して愛着がわく
- 株の長期保有が苦でなくなる

投資家として初心者の段階では、私自身このようなことを感じていました。株主優待を受け取るようになると、株取引が怖そうなものから楽しいものへ、変化していきました。

初心者を脱した後も、優待株をポートフォリオの中心に据えるメリットは多々あると感じています。

- 投資全体の利回りを高めることができる
- 値下がりリスクが比較的小さくなる傾向がある
- 優待を利用したイベント投資など、派生した投資につなげやすい

9ページの優待株投資の概念図に示したように、優待株特有の値動きの傾向がありますので、それを利用して値上がり益を目指すことも可能です。権利日に向けた値上がりで利益をあげる方法です。優待の権利日が近づくほどに買いたい人が増える傾向があるため、権利日の数ヶ月前から先回りして買っておき、権利日が近づき株価が上がったら売ってしまいます。ただ、比較的有名になった方法なので、先回りする人が増えるほどにその効果が薄れて行き、今では必ずしもこうした値動きになる銘柄ばかりではありません。そのため、私自身はこの方法はほとんどやっていません。けれど、そうした発想を理解しておくことは大事だと思います。権利日近くに買い需要が生じるだろうと推定することは、別の手法に応用できるかもしれないからです。

実際に私が応用した考え方として、「優待の知名度向上を見越した先回り投資」があります。これは、一般にまだあまり知れ渡っていないけれど非常にお得と思われる優待がある場合、だんだん世間に知られてきて買いたい人が徐々に増えることを想定して、早めに買っておくという考え方です。

株価は大まかにいえば、企業の業績が上がるか、人気度が上がるかのいずれかにより上昇します。優待株投資の追求は人気度が上がる方を重視したものとなります。投資経験者であれば、株価＝1株当たり利益（業績）×PER（人気度）という式をご存知かと思いますが、PER（人気度）の上昇に着目していると考えていただければと思います。私の場合、個人投資家の多い小型株で、かつ使いやすい優待内容であれば、優待（＋配当）利回りで3～5％程度になるまで人気度が高まってもおかしくないと常に考えています。

何が知名度と人気度の向上につながるか？　最初は単純に優待利回りだけで考えてもよいと思います。優待利回りの高い株は常に人気がありますし、雑誌などの利回りランキングでもたびたび紹介されます。

コロワイドは利回り4%程度まで上昇

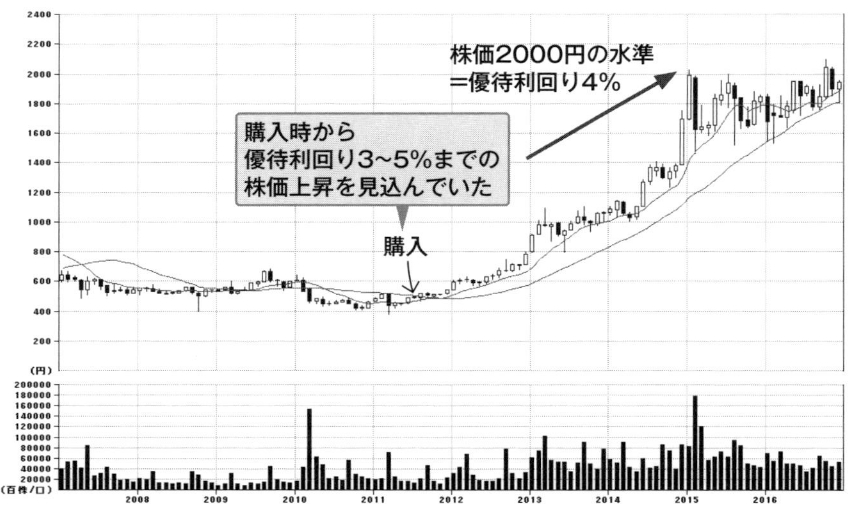

コロワイドは優待改悪リスクさえ小さくなれば優待
利回り4%の可能性ありと最初から考えていた

たとえば、コロワイド（7616）は優待利回りが15%程度であった時期もありますが、その後、業績がある程度向上したり、優待株投資で一躍有名になった桐谷さんがテレビや雑誌で特集を組まれるなど、優待投資が徐々に広まってきたこともあってか、優待利回りが4%強程度になるまで株価は上昇を続けました。

私のコロワイドへの投資については、2010年頃までは優待内容が改悪されるのではないかというリスクを強く意識しており、売ったり買ったりを繰り返していましたが、2011年に独自の優待カードを導入したことから、「優待改悪リスクは極めて低くなった」と判断、以前より安心して皆が買いに来るかもしれないと考えて保有を継続したところ、年間4万円分の優待をもらいながら5年で株価も4倍になりました。これは、「株主優待と言えばコロワイド」という知名度の向上も、要因の一つであったと考えられます。

キタムラとスタジオアリス

ただし、優待利回りと言っても単純に額面の利回りで考えると落とし穴にはまることがあります。前述のコロワイドの場合は全国各地にお店があるうえに、商品との交換も可能な優待券なので額面通りに4万円分の価値があると評価してもいいと思います。一方で、優待を使えるお店が少ない場合や、頻繁に使うものではない優待品の場合は注意が必要です。

たとえば、カメラのキタムラを運営するキタムラ（2719）の優待一式は、額面利回りが軽く10%を超えており、雑誌などの利回りランキングでもたびたび登場しています。ただしその内訳を見ると、スタジオマリオ株主優待券（8800円相当）が額面の大半を占めています。スタジオマリオのようなこども写真館での撮影券は万人が使うわけでもないですし、人によっては無価値になってしまうでしょう。そういった場合の実質価値は、ネットオークションの落札価格を調べることで推測することが可能です。実際、キタムラの優待一式の落札価格は3000円程度が多いようなので、実質の優待利回りは大きく下がってしまいます。優待価値はあくまで実質価値で考えなければならないのです。それでもこれに配当20円を合わせるとかなりの高利回りになります。

では、スタジオマリオのライバルのスタジオアリス（2305）の優待券（11000円相当）はどうなのかというと、過去には5500円くらい（最近は4000円程度のことも）で落札されており価値が高いようです。店舗数や立地やブランド力などさまざまな違いがあるのかもしれませんが、優待価値はスタジオアリスの方がやや上という印象ですね。スタジオアリスの当時の配当は45円でしたので、こちらも高利回りの優待株となります。

私はこの優待価値を把握していたため、リーマンショック後で株価が低迷していた2010年に、まずは優先的にスタジオアリスを買いました。株価800円で優待＋配当が100円相当ということで実質利回りは12.5％もあったためです。その後、業績は数十％の伸びしかないにもかかわらず、主に優待人気に支えられ、株価は2800円台と3.5倍まで上昇しました。この時点で実質利回りが3％台となり魅力が薄れたため売却しました。

最も大事な点は利回りベースで考えていたことで、買った時から株価2500円程度（利回り4％程度）になる可能性があるかもしれないと想定していたことです。そのため多少株価が上がったくらいでは売る気はありませんでした。このように、スタジオアリスは6年ほど保有して売却したので、大きな配当とキャピタルゲインだけでなく、その間に頂いた優待券は子供の写真を撮るのに活躍してくれました。

一方のキタムラも、2014年半ばに購入しました。当時はアベノミクス

スタジオアリスは利回り4%程度で売却

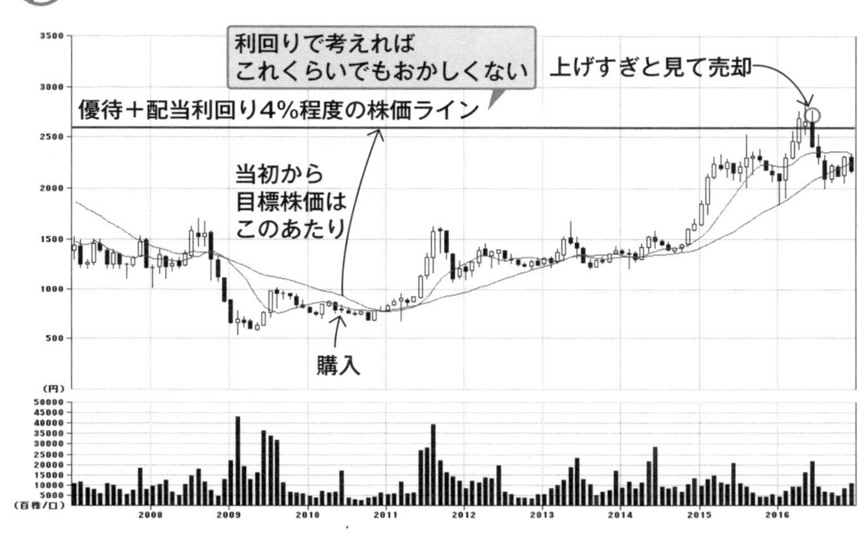

キタムラは優待が下支えになっている？

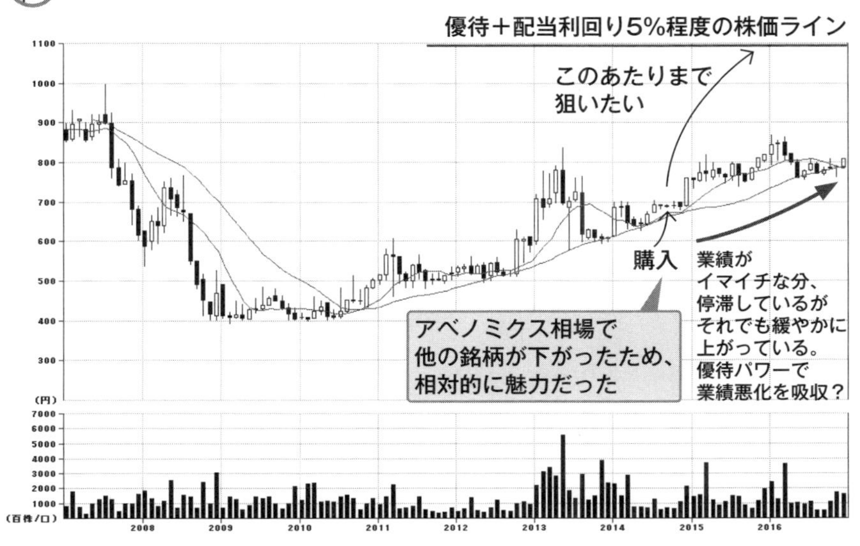

相場に沸いていましたがキタムラは相対的には出遅れて、まだまだ利回りも高く魅力的と考えたためです。スタジオアリスほどの株価の伸びは見られない現状ですが、一応、株価は上昇しています。キタムラの業績が2014年をピークに下降気味ですが、優待面での知名度向上が収益面での魅力低下を相殺しているのかもしれません。業績が悪いのに株価が上がっているという事実からは、やはり優待面が株価に与える影響は大きいということを実感させられます。

このように、株価は優待価値だけで動いているわけではありませんが、購入を検討する際の1つの大きな判断材料として優待面を重視するのは面白いと思います。実質利回りが高い方がインカムゲインも高くなりますし、買いたい人が多ければ下値リスクも低くなると考えるためです。

優待の実質価値を推定することは概ねオークションの落札価格を調べることでできますので、ひと手間かけるだけで人より先回りできるチャンスは広がります。優待面では特に機関投資家があまり参入しない時価総額100億円未満のような小型優待株にチャンスが眠っている印象があります。

優待の知名度先回り投資
——バリューHRの事例

優待の実質価値を調べる他にも、日々さまざまな優待株を調べていると、お得なのにまだ一般に知れ渡っていないと思われる優待株に出会うことがあります。これを利用したのが、優待の知名度向上を見越した先回り投資です。

バリューHR（6078）は健康保険組合の設立支援サービスや福利厚生の代行サービスを行っている会社で、優待は同社の会員サービスが1年間無料になるのと、そこで使える5000ポイントでした。ただ、そのポイントが具体的に何に使えるのかわからないためお得なのかどうかがまったくわからない状態でした。わからないのであれば投資対象外なのでしょうか？　自分にできることがないか考えます。

そこでまず、実際に前年の初優待を使用した体験談をネットに書いている人がいないかを検索してみたところ、当時は1件だけ見つかり概要が把握できました。さらにバリューHRのホームページをくまなく調べたところ、5000ポイントで引き換えられる商品の種類が非常に幅広く、各種遊園地のチケットや、スポーツクラブの1日利用券、マッサージ利用券、各種食品や薬、あるいは旅行代金などにポイントを使えることがわかりました。そのため、これはもうほとんど現金と同じような価値のある、お得な優待であると感じて購入に至りました。

その後の同社のチャートからは、優待の知名度向上に伴い株価を徐々に

バリューHRで先回りに成功

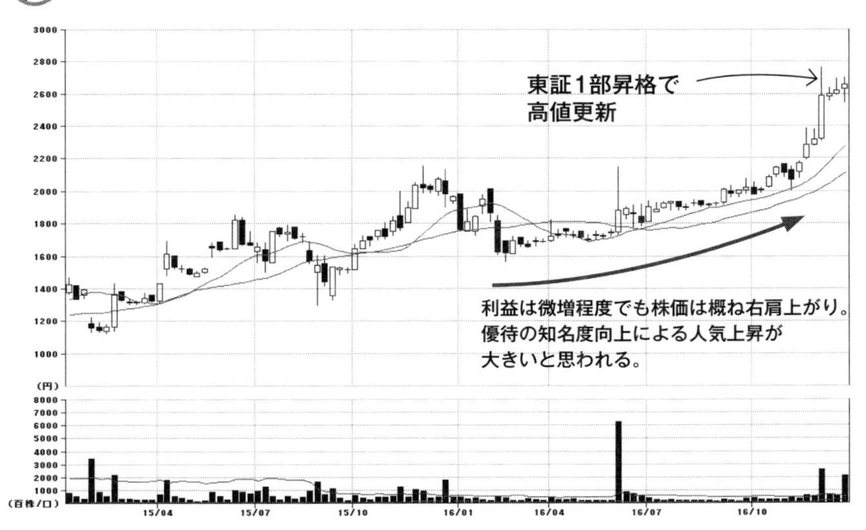

上げているのが読み取れると思います。多少の上がり下がりはありましたが、概ね想定どおりに優待の知名度の向上と共に下値を切り上げる展開となり、株価は調査時から2倍以上まで上昇してきています。

ちなみに、業績面では同じ期間に10％程度の利益増しかありませんでした。それを考えると、まさに優待が株価を押し上げた事例と言ってもいいでしょう。実際、私が調べた時には1件しかなかったバリューHRの優待を解説するブログも、その後どんどん増えて行ったのを目にしています。

バリューHRの事例では、

- 優待内容を調べたこと
- 優待投資家たちがその優待をどう思うか想像したこと

単純に言ってしまえば、先回りしたのはただそれだけのことです。それだけのことですが、こういうことを思いつかない人、そして仮に思いついたとしても行動しない人がほとんどなんですよね。優待価値という視点を持っているだけで、意外なチャンスに気付くことがあるものです。

それに加えて、バリューHRは2016年12月には東証1部昇格を果たし、さらに株価は高騰することとなりました。当初は優待先回りだけが目的でも、会社が順調に成長していくとこのような恩恵を受けることもあります。まったく無名の目立たない会社だったものが、優待や東証1部昇格で多くの人にとって魅力を感じる銘柄となり、知名度も増していく。そういったプロセスを見ること自体も楽しいものです。

本当に知名度が向上して人気化するかどうかは事前にはわかりませんので、優待株は自然と多数の銘柄への分散投資になることが多いです。それによりリスク分散ができることも優待価値を重視した投資のメリットの1つです。このように優待のさまざまなメリットを享受しながら優待株に親しんでいると、いろいろな知識が身についてきます。類似の事例はこれからも出てくると思いますので、優待品が届いて喜ぶだけではなく、優待価値を意識して投資に取り組んでみるのも面白いと思います。

ヴィレッジヴァンガードの優待改悪

優待利回りを優待価値として認識していると、PERやPBR等の一般的な指標からは割高でまったく魅力はないけれど、優待価値の面だけ極めて魅力的という銘柄にたびたび出会うことがあります。そのような場合、倒産リスクが高い場合は除きますが、分散投資先として少しだけ買うことがよくあります。

コロワイドはそれがうまくいった事例ですが、逆にあまりうまくいかなかった事例としてはヴィレッジヴァンガード（2769）がありました。ヴィレッジヴァンガードは業績が少し怪しくなってきた頃に優待新設をしたため、当初は10万円（株価1000円）弱程度で買えた時期もありました。優待券が年間1万円分、長期保有株主の場合は最大1.2万円分と太っ腹な優待で、オークション価値も比較的高く、額面の80％以上はあったでしょうか。すると優待価値は8000円程度と仮定して、優待の知名度が上がってくれば実質優待利回り4％を目指すだけでも株価2000円、配当もあるし株価2500円程度は目指せるのではないか？　ただし、業績面でのリスクはかなりあるかな……と想定して購入に至りました。

実際、株価2000円台をつけた時期もありましたが、もう少しいけるかなと利益確定のタイミングを逃しているうちに業績が大きく悪化してしまいました。それでも配当を維持して優待も続けていたため、株価は大きく下がることはありませんでした。そんな風なので売るのをためらっていたら、ついに恐れていた優待改悪が発表されてしまいました。自由に使える優待券から、2000円の買い物ごとに1000円分使用可という半額券に変更されてしまったため、その優待価値は大きく下がることが予想されます。以前の優待券のオークション価値は額面の80％程度でしたが、50％以下になるのではと想像しました。この優待改悪により利回りで考える株価の想定ラインが一気に下がってしまったために即売却の決断をして、夜間市場（PTS）で1400円台で売却しました。

優待株投資と言っても業績をまったく無視していいわけではないのです。業績の悪化は優待内容の見直しにつながりやすいことは考慮しなければなりません。財務が極端に悪化するまで保有を続けてしまったことは失敗でしたが、それでも買値は大きく上回って売却できましたし納得するしかないと思います。いずれにしても早い段階で買っておけば、その知名度向上により大きな利益が得られたことはヴィレッジヴァンガードの事例からも

ヴィレッジヴァンガードは目標にとどかず

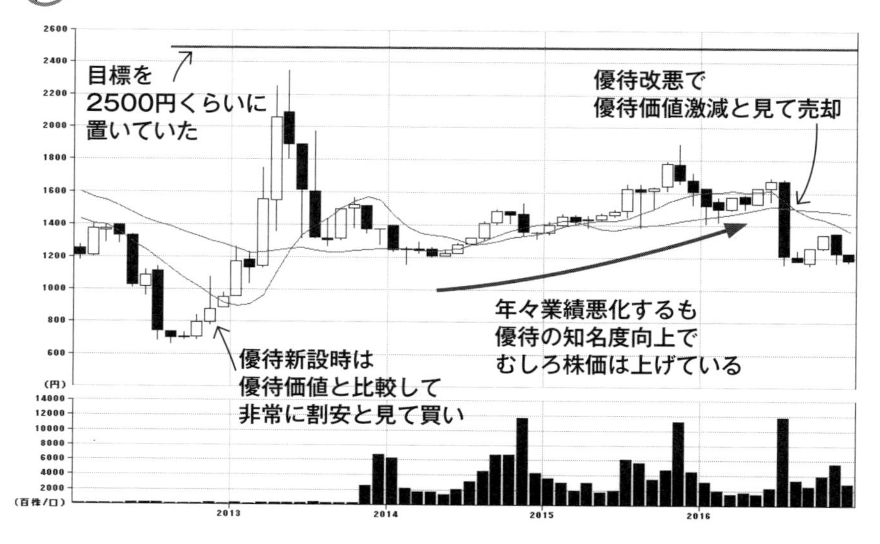

わかると思います。

株式投資にはさまざまな魅力がありますが、こうした優待株を日々の適時開示情報や優待ファンによるブログなどから見つけ出し、実際に投資して、どういう値動きをするのかを追っていると、少しずつ楽しみながら投資に慣れていくのではないかと思います。

企業側から見た株主優待

次に、あまり語られることのない企業側から考える優待を見ていきたいと思います。優待投資はどうしても最初は自分にとってお得かどうかを考えてしまいますが、企業はなぜこのような優待を導入しているのかなど、企業側の視点を考えてみることで見えてくるものがあります。

企業はさまざまな理由で株主優待制度を導入しています。**その1つが株主集めです。**小さな無名の会社に興味をもってくれる投資家は少ないため、株主優待を導入することによって投資家に興味をもってもらおうという企業の意図があります。これは特に東証2部や東証1部などの上位市場を目指していこうとする企業には重要な手段となりえます。なぜなら、東証2部には株主数800人以上、東証1部には株主数2,200人以上という上場のための要件があり、これをクリアーするためには株主優待制度を導入するのが最も容易と思われるからです。

また、すでに大企業となった会社でも、株主優待を導入または拡充する企業が増えています。たとえば、2015年3月から優待制度を大幅に拡充したオリックス（8591）があります（2016年には長期優遇制度を導入し再度、優待拡充）。オリックスは売上2兆円を超えるような大企業ですが、外国人投資家が株主の6割近くを占め、個人株主の割合は非常に低い時期が続いていました。リーマンショックのあった2008～2009年頃にはこうした外国人株主の売りを浴びて株価が大暴落したとも言われています。そのような経験を経て、安定的に長期保有してくれる個人株主を確保しようと優待拡充に動いたのではないかと推測されます。

また、オリックスはプロ野球チームが最も有名かもしれませんが、レンタカー、カードローン、水族館の運営など比較的個人に身近な所でも事業を展開しています。個人に有利な株主優待を拡充した背景には、オリックスという会社をもっと身近に感じて欲しいという願いもあったのかもしれません。その結果、十数万円程度の投資で5000円相当（長期株主はさらに金額アップ）と、大企業としてはとてもお得な優待を導入しています。

このように優待価値のかなり高い大企業もありますが、大企業になればなるほど優待価値を重視しない機関投資家の割合が増えてきますので、あまり優待価値が株価に反映されない印象です。逆に言えば、個人にとってはお得な利回り（低い株価）で買える場面が出てくる可能性もあるわけです。

優待を利用した資金調達 ——コロワイドの事例

こうした株主集めの他にも、株主優待を戦略的に利用している企業もあります。

最も有名なのは、コロワイドグループ（親会社のコロワイド、子会社のアトムとカッパ・クリエイト）ではないでしょうか。コロワイドグループは株主優待を資金調達に利用して、大きく成長してきた企業と考えられます。過去の大きな流れをまとめてみると、

高利回りの優待維持→知名度向上により人気上昇→株価上昇→増資や売出で大きな資金調達→M&Aに資金を投入し成長

という流れです。

増資などで資金調達する際には株価が高い方が多額の資金が得られて有利なため、高い株価を維持するためにお得な優待を長年続けていると見ることが出来るわけです。

実際にコロワイドが行ってきた優待関連の施策と資金調達、そしてM&Aは時系列で以下のようになっています。

2006年　4月	1:1.4の株式分割（分割後の優待を500株で維持したため実質拡充）
2010年　3月	**コロワイド自身の公募増資で約80億円調達**
2012年　9月	レックスHD（現レインズインターナショナル）を約140億円で買収
2013年　8月	**アトム株売出で約50億円調達**
2014年 10月	カッパ・クリエイトを約160億円で買収
2015年　2月	**アトム株を立会外分売で売却して約22億円調達**
2015年　9月	**アトム株売出で約230億円調達（カッパ・クリエイトとの優待共通化同時発表）**

時系列にすると、お得な優待による高株価を利用した資金調達と企業買収を繰り返している姿が見えてくるのではないでしょうか？

コロワイドは、500株以上の株主に対して年間4万円分の食事に使える優待カードを発行しています（ギフト商品との引き換えも可能）。また、子会社化したアトムの株主にも類似の優待カードを発行し、100株以上で年間4000円、500株以上で年間20000円、1000株以上で年間40000円分が付与されます。

コロワイドやアトムの株価は、PERやPBRなどの一般的な株価指標で見ると、業績面では明らかに割高なのです。でも、「優待利回り」で見ると買いたくなる水準を維持してきたのですね。その結果として、高株価を利用した多額の資金調達が可能となりました。

優待で株主を釣って株価を高値に維持するのは少々露骨すぎる手段ではあるのですが、優待目当てに買いたい人がいる点を非常にうまく利用していると言えるでしょう。

こうした資金調達をする一方で、2012年には牛角や温野菜でおなじみのレックスHD（現レインズインターナショナル）を、2014年にはかっぱ寿司のカッパ・クリエイトを買収しています。いずれも買収先が少々経営難に陥っており、比較的安い価格で買収し、その後各社の経営の立て直しに注力しています。これによりコロワイドは外食産業の売上高で第3位のマクドナルドと同規模まで浮上してきました。

この原動力が株主優待を利用した資金調達力を生かしたM&Aだったということは非常に面白い事例ではないでしょうか。お得すぎる優待を発行するのは、企業としてはコスト負担が大きいと考えられ、諸刃の剣ではありますが、今のところコロワイドは成功を収めていると考えられます。このように企業の優待に関する戦略を資金調達の一環として捉えると、企業がどういう経営を目指しているのか理解する一助になることがあります。

一方で、優待投資家は高利回りの優待は改悪・廃止されるリスクが高いと考えがちです。それはもちろん肌感覚としては正しい見方なのかもしれません。ただ、コロワイドのように明らかに優待を使った高株価政策を行っている会社については、よほどの業績悪化などがない限り、当分は優待が維持されるのではないかと考えられ、逆に当面の安心感はあるとも考えられます。コロワイド以外にも優待をうまく利用している企業には、クリエイト・レストランツHD（3387）やRIZAPグループ（2928）などがありますので、過去にどんな優待戦略をとってきたのか調べてみると面白いでしょう。

コロワイドグループに関して私個人としては、2011年の株主優待カードを導入した時が、買いと考える大きなポイントでした。それ以前は、他社と同様に紙のお食事券を優待にしていたのですが、優待専用のポイントカードを導入（SUICAのような電子マネーと類似）。これを導入するために、優待ポイントの決済端末を全店に設置するなどの大きな設備投資が必要であることから、当分優待をやめることはない（多少条件が改悪されることはあるかもしれないが……）と判断して、コロワイド株は当分保有しようと決めたことを覚えています。その結果、優待利回りとM&Aによる成長が評価されてか、株価は4倍程度になりました。

一方のアトムについて注目すべきは議決権比率だと考えます。アトム株については、2015年まで親会社のコロワイドによる度重なる大規模な売出（株の放出）があったため、市場に株が溢れ、株価が上がりにくくなっていると感じます。結果として同じ優待券4万円分をもらうためにコロワイドは100万円程度、アトムは70万円程度と株価に大きな差がついてしまいました。ですが、コロワイドの議決権比率はすでに約51％まで低下しており、これ以上は株を市場に放出することはないのではないかと私は考えています。なぜなら、議決権比率の過半数を押さえておくことが経営上非常に重要なことだからです。議決権の過半数があれば基本的には株主総会でほとんどの議案を通すことができるので、コロワイドはアトムを自由に経営できます。

これも1つの周辺知識でありますが、そうした根拠でアトム株をもう放出する可能性は低いのではないかと考えられれば、今後はアトム株の売出を過度に心配することはなく、アトムにも安心して投資できるというわけです（周辺知識がないと、コロワイドがアトム株をまた大量に売出して、

アトムは上値が重かったが…

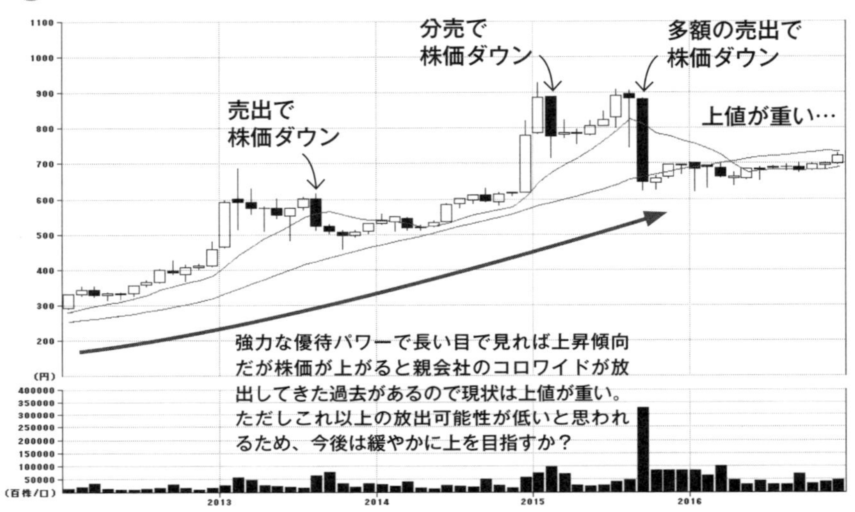

株価が下がるのではと思ってしまうかもしれません)。

化粧品・外食産業はなぜ豪華な優待を出せるのか

純粋な株主優待目的の投資であっても、周辺知識をいろいろ身に付けることが投資の助けになることがまだまだあります。たとえば、外食や化粧品を扱う会社は優待利回りが高いことが多いですが、これをどう考えますか？

ポイントは、**株主の立場から考えるのではなく、企業の立場から考えることです。**株主の立場だけで考えると、こんなに高い化粧品だったり、多額の外食優待券をもらえるなんて、そう長くは続かないのでは？　つまり、優待改悪がいずれあるのでは？　などと思ってしまうことがあります。

けれど、なぜ企業がそのような優待品を出しているのか、そして出し続けることができるのかを少しでも考えてみると、違うものが見えてくることでしょう。たとえば、自社商品や自社のお食事券を優待として出すのは、その商品やお店のファンになってもらうために必要な経費（広告宣伝費）だと考えることもできます。もっと重要なのは、その優待を出すためのコストはどれほどなのかを少しでも考えてみることです（会社に質問してみると教えてくれるかもしれません）。

化粧品というのは、研究開発と広告宣伝にお金がかかるものであり、製品自体を製造するための原価率は意外に低いと言われています。外食においても、食材の原価率だけ見れば30％程度の所が多いようです。したがって、株主（消費者）側から見れば高額の優待でも、企業側から見れば実は優待実施のためのコストはそれほどかかっていないと考えることもできるのではないでしょうか？　逆に、自社商品や食事券ではなく、クオカードやギフト券などの金券類の優待の場合は、額面金額がそのまま企業のコストになるでしょうから、株主が増えすぎてしまうと優待改悪の可能性は通常より高いかもしれないと考えることもできます。

優待に利用制限を付ける理由（企業側の視点から）

株主優待の食事券には使用枚数も使用可能日も無制限という会社があります。一方で、優待に制限をつける企業の中には、金曜と祝前日を使用不可にしている所が多いです。これは何を意味するのかというと、金曜と祝前日は通常お客さんが入り混雑する日だということです。当たり前のことではありますが、こうした日に株主優待で食事をする人ばかりだったとすると、「機会損失」というものが発生してしまいます。本来だったら得られたはずの売上金が入らないということです。こうした機会損失を発生させないために、企業は優待に使用制限を設けているのです。

ここで、ワタミ（7522）の事例を見てみましょう。当初のワタミの優待券は特に制限のないものでした。すると何が起こったか。過去の株主総会で社長自身が話していたことですが、金券ショップに優待券が流通し、金券ショップで一般の方が優待券を大量に購入し、金曜・祝前日の宴会で何十万円分も一度に使用され、現金売上にならないことがあったそうです。

こうした経験から、その後ワタミは金曜・祝前日の利用不可、一人につき1回1枚まで、ランチの利用不可などの制限を導入してきました。これについては株主の中でも賛否は分かれ、毎年の株主総会でこの制限を無くして欲しいという要望が出ていたようです。ですが、本来会社がすべきことは業績で株主に報いることですから、毎回のように前述のような過去の事例を出して説明するなどして納得してもらっていたようです。私自身も株主であった期間がありますので株主総会でこのやりとりを聞いていました。優待券を消費する立場からすれば、自分の利便性だけ考えれば、制限がない方がいいわけです。ただ、株主の立場では会社の業績が悪化しては元も子もないため、優待一つとっても難しい利害調整なのだなと感じていました。

しかし、その後しばらくしてブラック企業などとレッテルを貼られたことで業績不振に陥ると、配当を出せなくなったことから優待制限を緩和し、株主に対し優待で還元するという姿勢に転換しています。株価を維持するための苦肉の策だったようにも感じました。

優待改悪時のそれぞれの視点
――明光ネットの事例

最近、優待改悪と増配を同時に発表する企業が増えています。その発表時にテンプレートのように使われる理由に「株主の公平性」という言葉があります。

たとえば、明光ネットワークジャパン（4668）は、従来は100株以上の株主に対し3000円のクオカード優待を実施していましたが、以下のような変更を行いました。

- 100株優待は3000円のクオカードから1,000円のクオカードへ変更
- ただし3年以上保有の長期株主の優待は今後も3,000円のクオカード
- 配当性向を引き上げ34円から38円に増配

この場合、自分が100株主であった場合、クオカードが2,000円減額され配当が400円増えても差し引きマイナスでどこが公平なんだ、と不満が聞こえてきそうです。しかし、会社側の視点から考えてみるとまた違った印象になります。

- 発行済株式数(自己株式を除く)27,603,473株×4円=全体で約1.1億円の配当増加
- 株主数54,369名×2,000円=全体で約1.1億円の優待コスト削減

ということで、株主全体に配当される金額と優待の削減額が概ね一致しているため、バランスの取れた「公平な」状態になっているようです。明光ネットの株主数の推移を見ると今後ますます増えそうな状態に見えますから、会社の立場としてはやむをえない判断のようにも思えます。

明光ネットの株主数の推移
2013年8月 21,981名 → 2014年8月 32,163名 → 2015年8月 54,369名

特に、信用取引を使ったいわゆる優待目的のクロス取引が可能な会社の場合、優待権利日のみ株主数が激増することがあります。一定程度の増加までは会社も想定しているのでしょうが、予想外の大幅増加があった場合

には、優待によるコスト負担だけでなく、株主に送付する印刷物も増加し、株主総会の会場も収容人数の大きな所に変更する必要が出てくるかもしれません。株主に関連するコストが大幅に増加すると、会社側も優待の見直しに着手せざるをえないということで、クロス取引は株主にとって諸刃の剣だと感じます。

一方で、最近増加傾向にある株主優待の長期保有者への優遇制度は、企業にとっても望ましい長期安定株主の増加につながるので、今後もこちらにシフトしてくる企業がたくさん出てくる可能性が高いのではないかと、個人的には考えています。

株主総会のお土産廃止続出問題

株主優待とは異なりますが、2015年～2016年には株主総会のお土産を廃止する企業が続出した印象があります。これは、各種雑誌などで株主総会のお土産特集が増えた時期とも重なる印象があることから、お土産「だけ」を目的に株主総会に参加する株主が必要以上に増加してしまったからではないでしょうか。

中には株主総会の質疑応答の時間にお土産を増やして欲しいなどと要求する人もいたという話を聞きますし、私自身が過去に参加した総会でもそういった質問が出たことがありました。お土産が欲しいという気持ちはわかるものの、そもそも株主総会中にする質問じゃないでしょうし、こうした面倒な株主があまりにも増えてくると、企業側が自衛に動くのも当然のことかと思います。

お土産目的の株主が過度に増えていると、コスト増や株主総会でのトラブルを防ぐにはお土産廃止が一番ということになってしまうのもわかります。株主総会は何のためにやるのか、株主側も学ぶ必要があるでしょうし、企業側もまだまだアピールが必要と感じる最近です。

このように、株主の立場だけでなく、企業の立場から考える習慣というのも身につけておくとさまざまな角度から物事を見られるようになり、投資に役立つ場面が出てくるのではないでしょうか。

Column

知っておきたい上場ルール

株主優待の実施は株主数増加につながるため、東証2部や東証1部への昇格を目指す会社は優待制度の導入や拡充を行う傾向があります。これに関連して、各市場の上場基準を知識として押さえておくことが重要です。実は会社四季報の後ろの方にも掲載されているのですが、これを見たことがある方はどれくらいいるのでしょうか。どんな風に掲載されているのかを一度ご覧になっていただくと何かしら発見があるかもしれません。

このほか、「東証 上場基準」などとネットで検索するだけでも、東証の公式資料や、上場基準を投資に生かす方法などの記事が出てきますので、面白く読めることでしょう。最も大事なことは自分自身で情報を探しに行き、学ぼうとする習慣をつけることです。そしてそれを日々継続することです。それなりの成績を継続的に出している投資家を見ると、必ず自分自身で調べる習慣を持っています。

一方で、自分は初心者だから、財務の知識がないから、といって何もしない人も目立ちます。私自身も初心者時代があったので気持ちはわかりま

東証1部・2部の上場基準

	東証１部	東証２部
株主数	2,200人以上	800人以上
時価総額	250億円以上 （JASDAQまたは地方市場からの直接昇格の場合） 40億円以上 （東証２部またはマザーズからの昇格の場合）	20億円以上
流通株式	流通株式数　2万単位以上 流通株式比率　35%以上 流通株式時価総額　20億円以上	流通株式数　4000単位以上 流通株式比率　30%以上 流通株式時価総額　10億円以上

すが、それは行動しない言い訳です。いつまでも人から与えられた情報だけを頼りにしているようでは何ら成長ができません。ほんの少しずつでもいいので、自ら情報を探す習慣を自分に課すことが、初心者から脱出するためのきっかけになります。最初は苦しいですが、わかるようになってくると楽しくなってきますよ。

指定替えについて最も重要なのは、株主数と時価総額、次いで重要なのは流通株式となります。この3つの基準くらいは大まかでいいので把握しておきたいものです。

資産株で狙うのはカタリストの「まちぶせ買い」

純資産と時価総額を比べて割安な株に投資する

優待株である程度株取引に慣れてきたところで、少しずつ企業の財務にも注目するようになると、リスクを抑えつつ運用成績が向上していくと思います。まずは資産株への投資を意識してみてはいかがでしょうか。

資産株とは、大まかにいえば、企業が保有している純資産の価値から判断して割安な株のことです。つまり、企業が保有する純資産と時価総額を比較、または、1株当たり純資産と株価を比較して算定したPBRが割安なものに投資することを考えます。

企業が保有している純資産は、決算短信や会社四季報に公開されている情報です。また、この企業が丸ごといくらで株式市場で評価されているのかを示すのが時価総額ですが、この情報も、Yahoo!ファイナンスや証券会社のホームページ等で簡単に入手することができます。この2つを比較した指標がPBRです。企業が保有している客観的な「価値」と、市場でついている「価格」を比較しているわけですね。

1株当たり純資産と株価を比較してPBRを算出している人も多いと思いますが、これらは純資産と時価総額を発行済株式数で割った数値です。これらのつながりもあらためて理解しておくとよいと思います。

右ページの図を見てみましょう。

PBRが1倍ちょうどであれば、企業が保有している純資産と、株式市場における企業の評価額である時価総額が一致していることになります。1倍を超えていれば、企業の稼ぐ力など何らかのプレミアムが評価されている状態。1倍を下回っていれば、何らかの理由でバーゲンセールになっている状態などとまずは考えてみましょう。

資産株投資では、このバーゲンセールになっているPBRが1倍を下回る企業に投資することを考えるわけですが、重要なのはバーゲンセールになっている理由を探ることです。**最もよいのは、単に知名度の低い中小企業であるため株式市場で放置されているような状態です。**特に中小型株には、安定した利益を出して大きな純資産も保有しているのに放置されている企業が意外と存在します。逆に避けた方がいいのは、過去にたびたび赤字を出していたりと、明らかに経営環境が不安定な企業です。不安定な企業は、将来において純資産が減っていくリスクを織り込んで評価が低くなっている場合が多いためです。

PBRとは？

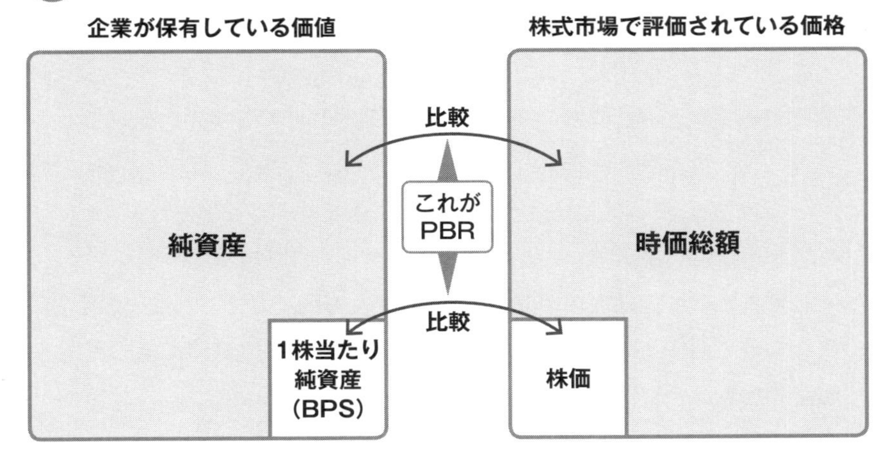

PBR＝時価総額÷純資産　または　株価÷1株当たり純資産

(注) PBRの算定には、正確には貸借対照表上の「純資産の部」から非支配持分および新株予約権等を控除した金額である「自己資本」を使用しますが、細かい話で分かりにくいので純資産＝自己資本となる場合を想定して進めていきます。

「割安放置＋カタリスト」を探せ

最初の段階では、PBR1倍程度を適正株価と考え、PBR1倍未満の割安株に注目していくと、値下がりリスクを低く抑えた投資ができる傾向にあります。そこをスタートラインにして微修正していくといいでしょう。

ただし、純資産が積み上がって行くには長い年月を要しますし、企業の知名度もなかなか上がらず、いつまでも割安放置ということもありえます。だからこそ、**資産株への投資を考える際にはカタリストの発生可能性を検討することが極めて重要になります。**

私の場合は、資産株と思われる銘柄へ投資する時は、優待株であることと、他にも将来何らかの株価を動かすカタリストが起こりそうな銘柄であることを重視しています。それは過去の経験に基づき以下のような傾向があると感じたためです。

①純資産の蓄積に伴い、その企業の価値が徐々に多くの人に見出されていき、割安な株価が修正されるのを狙うのが、通常のバリュー株投資といわれるものだが、純資産の蓄積には長い時間が必要で、なかなか株価が追い付いてこないのがネック。

②そこで、①に加えて株主優待がある銘柄を狙うことにより、**優待権利日に向けて人気が高まることで、その企業の本来の価値に気づく人が増えるかも、という点が緩やかなカタリストになりえる。**

③そして、東証１部など上位市場への昇格はさらに大きなカタリストになる。特に東証１部に昇格した場合には、必ず大きな買い需要が発生する。また、昇格しそうな会社に対しては、徐々に先回り買いが入るので、**昇格候補であること自体がカタリストになる。**

これが、私が優待株かつ昇格可能性のある銘柄を重視している理由です。単にPBRの低い割安な銘柄を買うというのでは根拠が弱いので、その他の面でも魅力を探そうとしているわけです。そこが重要なポイントです。

さらには、資産株の中でも余剰資金の大きな企業に注目することで、以下のようなことがカタリストとして起きる可能性を高めることができると考えます。

- M&Aする（余剰資金で利益の成長を買うことで、市場での評価が高まる）
- M&Aされる（TOBやMBOのプレミアム価格が利益になる）
- 増配や自社株買いをする（余剰資金を株主還元することで、株主にとっての価値が高まる）

M&Aについては買い手と売り手がうまくマッチングしないと発生しませんが、増配や自社株買いに関しては経営者の方針次第です。

余剰資金がどの程度ありそうなのかを調べるには、PBRを見るだけでなく、貸借対照表を調べる習慣をつけることが重要になります。具体例と共に見ていきましょう。

リスクモンスターの事例

リスクモンスター（3768）は、**資産株＋優待＋カタリスト**という観点で、私が2014年11月頃に投資した銘柄です。こちらは与信管理サービス（他社のリスク評価）を行っている会社ですが、売上・利益は低成長、キャッシュリッチ、低PBRと、いかにも資産株の特徴が当てはまるような会社でした。

リスクモンスターの2014年末のPBR

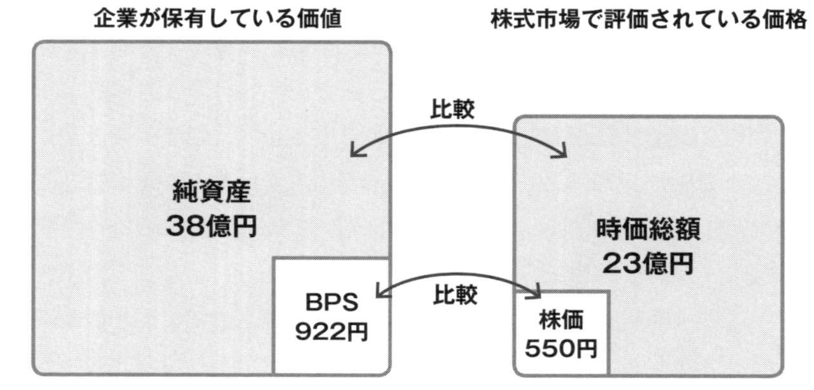

検討当時のPBRは0.6倍

当時の資産面の数値を図解すると上の図のようになります。

2014年はアベノミクス相場で多くの株が値上がりしてしまったため、放置されている優待株はないかと探していた時に発掘したのがリスクモンスターでした。

リスクモンスターは、最低300株からと珍しい優待内容です。

●リスクモンスターの優待内容

300株以上	6ヶ月以上の保有の場合：自社指定商品 1年以上保有の場合：1,500円相当の商品 3年以上保有の場合：2,000円相当の商品

また、優待条件を長期株主に限っているところが独特だなと好感を持ちました。少なくとも6ヶ月以上保有しないと優待をもらえないという珍しい条件です。優待利回りは、3年以上保有したとしても1%を超えるくらいでしたので、優待面での魅力はさほどありませんでしたが、変わった優待条件をつけていたことが詳しく調べてみようと思ったきっかけになりました。

そして、財務諸表や決算説明資料を見て詳しく調べていったところ、資産面での魅力が高く、カタリストの発生可能性も高そうな、典型的な資産株だと感じたため、投資を決めました。

資産面での魅力は左の図の通りPBR0.6倍と割安な点ですが、さらに詳細を見ていくには、純資産38億円が何で構成されているのかを調べる必要があります。「企業の純資産＝資産－負債」ですので、資産と負債に何があるのかを財務諸表を開いて見ていかなければなりません。当時の貸借対照表をざっくり見ていくと以下のような状態でした。純資産を構成する資産と負債の内容をざっくりピックアップしてみます。

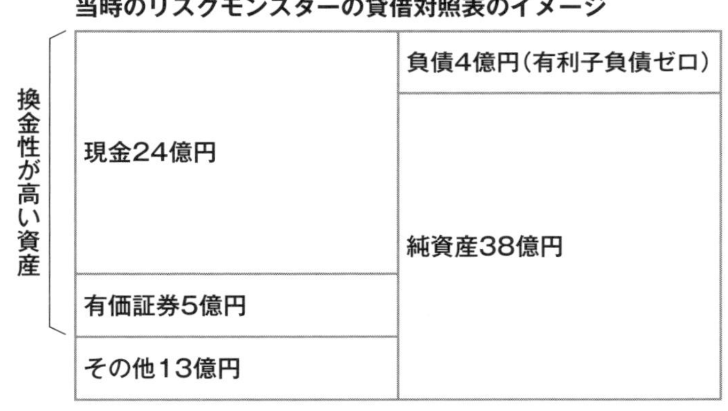

実際の貸借対照表を開くともっとごちゃごちゃとさまざまな勘定科目が掲載されているわけですが、資産株と思われる銘柄への投資の際には、資産側は現金、有価証券、土地などの換金性が高いと思われる資産とその他に分け、負債側は有利子負債（短期借入金、長期借入金、社債など）がどれくらいあるかをざっくり検討します。この他にも大きくて目立つ金額の科目があれば別途検討します。要するに貸借対照表を見ながら、頭の中で上の図のような状態に置き換えているわけです。

調べてみると、純資産38億円はほとんどが現金と有価証券という換金性の高いもので構成されていました。しかも有利子負債はゼロであり、安全性が極めて高く、余剰資金を多額に保有している会社という印象でした。

事業を回していくためには一定の現金が必要となります。はたしてどこまでが必ず必要な資金で、どこまでが余剰資金か？　というのは明確には判断できないものです。ただ、リスクモンスターの場合は負債すべてでも4億円しかないので、たとえば現金が4億円のみでも事業を回していくことは可能なのでは？　などと仮定してみます。すると、残りの現金20億円と有価証券5億円は余剰資金と考えてもよいかもしれないなと、ざっくりと把握できます。当時のリスクモンスターの時価総額は23億円程度でしたから、時価総額以上の余剰資金を保有しているともいえるわけです。

こうした換金性の高い資産を多額に持つ会社の場合、経営の選択肢が多くなります。**M&Aで他社を買収したり、自社株買いや増配により株主還元をしたりと、株価の上昇につながるカタリストが発生する可能性が高くなる**わけです。

また、株価が割安に放置されていると買収されるターゲットにもなりやすくなります。そこで、リスクモンスターは資産面からの魅力が極めて高い資産株（＋優待株）であるという結論になりました。

さらに、資産株で大事なカタリストの発生可能性を考えて行きます。**決算説明資料に東証2部上場基準を満たすことを目標にするという旨の記載がありましたので、**いずれは上位市場への昇格を狙ってくるのだろうということは容易に想像できました。それが割安な株価が水準訂正される1つのきっかけになるかもしれないと把握できたので、これは面白いかもしれないと投資することにしたわけです。

もちろんビジネスモデルの説明や、売上や利益の推移なども見ましたが、横ばいから緩やかな成長をしているなという程度の把握でした。業績の安定性が高い点が資産株として合格点でも、今のビジネスの延長線上では大きな利益成長は期待できないかもしれないと感じていました。

リスクモンスターの業績推移

- 2012年3月期　売上高24.8億円 経常利益2.1億円
- 2013年3月期　売上高24.3億円 経常利益2.5億円
- 2014年3月期　売上高24.5億円 経常利益2.3億円

ここまでの情報は、すべて公開されている資料から読み取ることができます。企業のどこに魅力を見出すのか、何を調べるのか、自分なりに型を作っておけば、自分自身で気付くことができるのです。あとは、やるかやらないか、それだけの違いです。そして、魅力を見出すことができたなら実際に少しでも投資してみること。不確実な世界に自分の資金を投じる勇気は、経験を積むにつれて蓄積されていきます。

その後実際にどうなったか？

私が投資する際に最も焦点を置いていたリスクモンスターの多額の現金の使い道としては、2014年12月に11億円を投じて本社ビルを取得しています。正直、この使い方は利益への貢献度が低いのではないかと当時は疑問だったのですが、グループ機能が集約化され固定費が削減されたことで、その後の期間にある程度の利益貢献はしてくれているようです。

2016年9月には念願の東証2部昇格を果たし、注目されるきっかけになってくれました。ここまでは事前の想定に概ね沿った推移をしてくれています。一連の結果として、2年間で配当と優待ももらいながら株価は70％程度値上がりし、非常に良好なパフォーマンスとなっています。同期間の日経平均株価はほとんど横ばいなので、リスクモンスターはそれなりに有利な投資先だったと言えそうです。株価は上がりましたが、まだまだ割安感を感じるため、環境に大きな変化がなければ、少なくとも今後の最大のカタリストである東証1部昇格の日までは保有しつづけてみたい会社です。

この後、さらに東証1部へ行くには時価総額40億円という基準が壁になることがわかっていますが、かなり近づいてきているので、いずれどこかで実現してくれるのではないでしょうか。執筆時のリスクモンスターの純資産は41億円程度まで増えてきていますので、PBR1倍程度まで評価されれば、東証1部上場基準の時価総額を満たすとも言い換えることができますね。このように値動きは緩やかながらローリスクで会社の成長を見守っ

リスクモンスターの株価チャート

リスクモンスターの2016年末のPBR

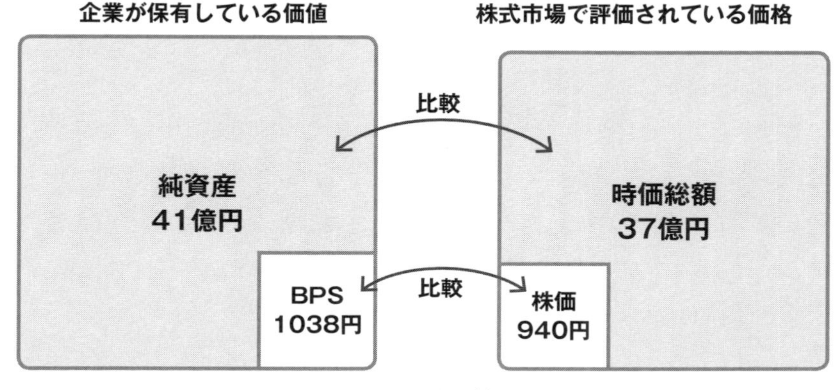

ていけるのが資産株投資の良い所です。

2年たってリスクモンスターの資産面は上の図のように変化しています。

2年経過し利益を積み上げ純資産も順調に増加しています。純資産の裏付けがある割安な資産株は安心感がありますので、リスクモンスターはこの2年の間、月1回くらいしか株価を見ていませんでした。それでも十分な成果が得られているわけなので、そうした投資が好みの方にも資産株はおすすめです。

カタリストを意識した優待＋資産株の事例——宝印刷、ダイドー、ツツミの事例

リスクモンスターの他にも、同じような考え方で、低PBRの資産株＋優待株でカタリストの可能性に賭けて投資していた最近の事例としては、宝印刷（7921）、ダイドーグループHD（2590）、ツツミ（7937）などがありました。いずれもPBRが0.6倍くらいの時に投資しているのですが、

どういったカタリストが発生することを狙って投資していたのかを中心にご紹介します。興味ある方は過去の貸借対照表を開いて実際に見てみると面白いと思います。

まず、宝印刷に関してはROEについて考えている過程の中で発掘した低PBRの資産株＋優待株でした。そこで、詳しくはROEの説明の所で解説しますが、リスクモンスターと同様に余剰資金が非常に多く見えたことから、ROEだけでなく、主に増配や自社株買いをカタリストとする低PBRの資産株という視点でも考えました。

このように、実際はいろいろな視点がつながっているのです。いろいろな角度から「総合的に」魅力的なものを投資対象として考えています。だからこそ、1つの指標の算出方法を暗記するのではなく、じっくり理解しなければなりません。理解しておけば複数の指標を同時に分析することや、

宝印刷の株価チャート

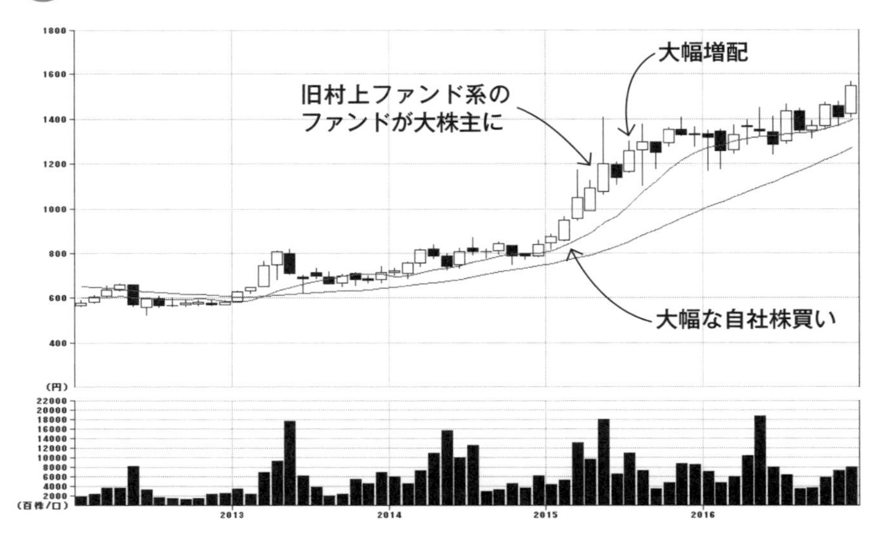

それらがどうつながっているのかも少しずつわかってきます。

次に、ダイドーグループHD（2590）も私が長期保有している会社の1つです。飲料業界は業界そのものが成熟産業と言われていますし、ダイドーグループHDもまた成熟企業だと思います。私が買った当時は、売上・利益は安定的に横ばいから微増程度の企業でした。一方で、リスクモンスターと同様に時価総額に匹敵するくらいの、数百億円もの余剰資金を抱えているところが魅力でした。

そのため、**当時はM&Aされる側になることを想定して、半年毎に優待をもらいながら、何かが起こるのを待ってみよう**と考えていました。実際に、飲料業界における次のM&A候補としてニュースに名前があがることもたびたびありました。しかし結果的には、M&Aされる側ではなく、M&Aする側となり、フルーツゼリーの「たらみ」や海外の飲料会社を次々に買収して成長していき、それが評価されてか株価も徐々に上昇して、

ダイドーグループHDの株価チャート

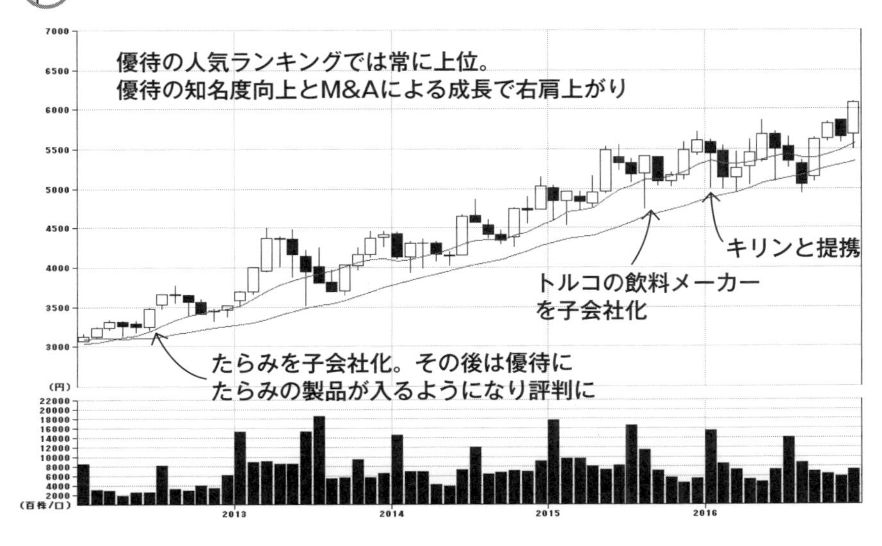

2016年には久しぶりに上場来高値を更新しています。

一方で、2016年に入りキリンと業務提携するなど、買収される側としての思惑も続いており、まだまだ次のカタリストが起こりうる会社の1つであると考えています。**カタリストが起こる可能性が高いのは成熟業界でキャッシュリッチな割安企業**というのがやはりキーワードになりそうです。

ちなみにダイドーグループHDは、株主優待で送られてくるドリンクセットのボリュームが非常に大きく、優待投資家にも大人気の会社です。そのため、信用取引を駆使したクロス取引で優待を取る人も昔から多いと感じていた会社です。けれど、クロス取引は短期的に値下がりするリスクを避けられるかわりに、何らかのカタリストが起こった時に大きく値上がりする可能性も排除してしまいます。そのため、権利日前に毎回優待が欲しくなるのであれば、クロスなどするより長期保有していた方が手数料もかからなくていいんじゃないかと思うことがたびたびありました。

そこはもちろん人それぞれではあるのですが、資産面での魅力がたっぷりあり、カタリストが発生する可能性が強いと思える優待株については、目先のことにとらわれず、のんびり長期保有で優待を頂きながらカタリストの実現を待つのが私の方針です。

売上・利益が毎年増えていくような成長株は、企業価値も実際の株価も概ね右肩上がりとなる傾向が強いですが、資産株の場合は長い間横ばい傾向で、カタリストが起こった時にドカンと上がる傾向が強いと考えています。**資産株の恩恵を受けるためには、このドカンと上がるタイミングの時に株主でいなければなりません。**それにはやはり長期投資が基本になると思います。頻繁に売ったり買ったりしても、振り返ってみれば意外と成績は変わらないものです。ただし単純に長期保有すること自体が苦手という人もいるでしょうから、その場合には優待株であることを銘柄選定の条件に加えると、長期投資に抵抗がなくなります。

もちろん資産株＋優待＋カタリスト狙いの投資のすべてがうまく行くわけではなく、失敗事例もあります（途中経過ですが）。最近の事例としてはツツミ（7937）でしょうか。

自己資本比率が驚異の95％超であり、400億円近くの現預金（そのほとんどが定期預金）を保有するスーパーキャッシュリッチ企業です。なおかつPBRは0.5前後と極めて割安でもあります。ツツミは典型的な資産株ですが、2014年3月を初回とする優待新設を行ったことから、保有する莫大な現金を還元する意識が出てきたのかと考えて買ってみました。カタリストとしては増配や自社株買いの大幅増が考えられますし、莫大なキャッシュを抱えたまま上場している意味があるのか疑問なため、MBOを行うことも想像しました。

ツツミの株価チャート

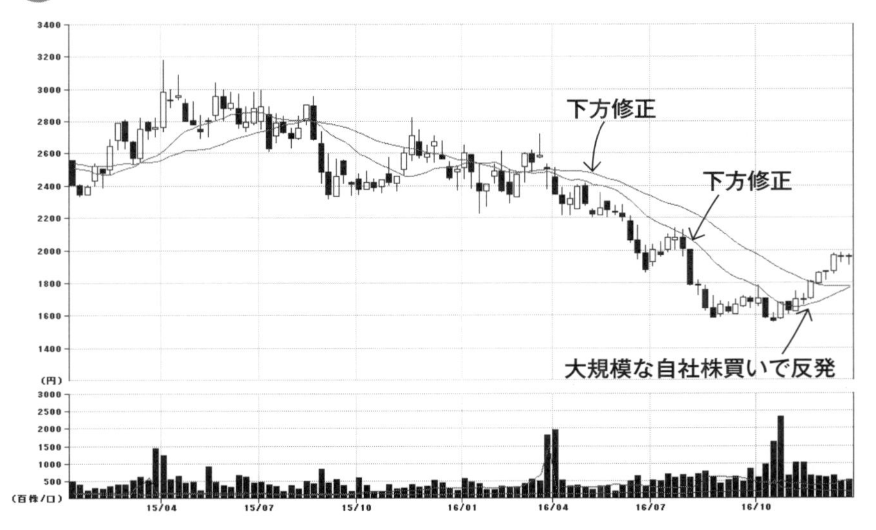

しかし、結果的には本業の業績が急減速したことから2016年は株価が大きく低迷し、含み損を抱えてしまいました。2015年と2016年に自己株式の取得を行いましたが、抜本的な資本政策の変化が見られないことと、直近の業績が大幅に悪化したことで、依然として低PBRのままとなっています。

このように、タイミングが合わず失敗することもありますが、低PBR銘柄は元々期待されていない銘柄のため、下落率がそこまで極端になることはあまりありませんし（執筆時点では約20%の含み損）、今後の大きなカタリスト発生により大逆転する可能性も秘めています。そのため、複数の銘柄に分散投資することで、全体でプラスになればいいというのが私の方針です。ツツミにもぜひ今後何かを起こしてもらいたいものです。

再編が起こりそうな成熟業界から選ぶ？——食品スーパーの事例

魅力的な資産株の探し方としては、私は株主優待をきっかけに見つけることが多く、低PBR銘柄で余剰資金が多く、何らかのカタリストが起こりそうなものがないか探しています。

そんな中、キャッシュリッチとは限りませんが、低PBRの資産株として魅力を見出すことが多かった銘柄群に地方の食品スーパーがありました。業界全体が成熟期から衰退期に入っているものの、比較的安定した利益を生み出していることで財務が健全な企業が多かったのです。資産株は何かしらのカタリストが発生しないと上がりにくいのですが、食品スーパーは飲料業界と同様に業界再編によるM&Aがたびたびニュースになっていましたし、ある程度の数の銘柄に分散投資しておけば、自分の持ち株がM&Aの対象となる可能性が高いと考え投資していたわけです。

このように、業界全体を狙ってみるという方法もあります。食品スーパーは優待も出しやすく、多くが優待株でもあります。地方の食品スーパーの株というと非常に地味な印象ですが、だからこそ当たった時は大きな利益を手にすることができます。

私が過去に投資していた銘柄で、M&Aが発生し株価の上昇につながった例には以下があります。

- オオゼキ→MBO
- カスミ→マルエツ等と経営統合
- ユニバース→アークスに買収される

そして、食品スーパーの中でも最も低PBRで有名だったマルキョウ(9866)は、2016年に同業のリテールパートナーズとの経営統合がカタリストとなり一気に上昇しました。

マルキョウの株価チャート

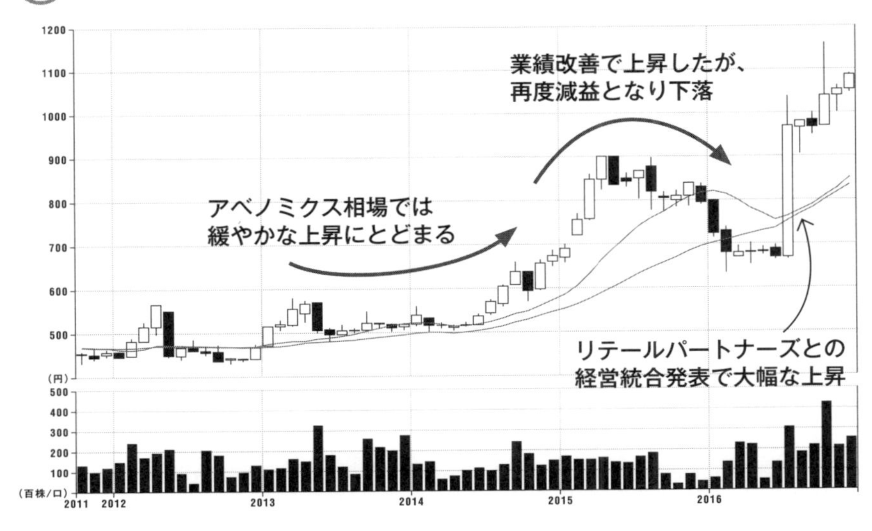

マルキョウは、アベノミクスの上昇相場ではそれほど恩恵を受けておらず、最後のカタリストでドカンと上がるという、資産株の典型的な流れになりました。

私は、2012年頃に結構な株数を持っていたのですが、当時は他の魅力的な投資先に乗り換えるために結局、薄利で売却。以後、買戻しできずにドカンが来てしまったという苦い思い出を残してくれた銘柄です。

このように資産株は、長い時間ローリスク・ローリターンの一方で、カタリストが発生するとハイリターンにもなりうるという傾向があります。そういう銘柄が自分に合っていると思えば資産株重視もありだと思いますし、長期間待つのがあまり向いていないのであれば、多少の分散投資先として考えてみてはいかがでしょうか？

このほか、東証1部昇格をカタリストとして考えていた食品スーパーもあります。アルビス（7475）は、2015年に東証1部昇格を実現して大きな利益を得ることができましたし、2017年はジャパンミート（3539）の昇格に期待しています。食品スーパー銘柄では損を出した記憶がないくらい、私との相性がとてもいいセクターです。

以上のように、資産面で割安な低PBR銘柄に関しては漠然と投資するのではなく、カタリストの発生可能性を強く意識して検討することが必要です。特にM&Aがらみはそうそう狙って当てられるものではありません。ですが、**大きな方向性としてM&Aの可能性を意識するなど、カタリストが実現する可能性の高い銘柄に投資しておくと、忘れた頃に何かが起こるのが資産株のよい所です。**

地方の食品スーパーの株は、その地域に住んでいる人でなければなじみがなく、非常に地味な投資先です。けれど、資産株＋優待株＋カタリストという視点で魅力を探っていると意外と魅力的に思えるものです。地味な業界の中にこそ、お宝は眠っているものです。

特に、アベノミクス相場以前の割安株が溢れていたころには、私の持ち株が結構な数のM&Aに遭遇し、TOB等による大きな値上がり益を手に入れることができました。人から見れば、「たまたま」「偶然」M&Aの対象になった銘柄を持っていたような、運が良かっただけじゃないかという感想を持たれることも多いのですが、自分自身はそうなる可能性を高める努力はしてきたつもりです。幸運が降ってくるのを何もせずに待っていたわけではなく、幸運が起こりそうな場所をあらかじめ探す努力を日々しているつもりなのですが、そうした隠れた努力はなかなか他人には伝わらないのです。

資産株に対する大きな考え方を把握しておけば、今後も同じようなチャンスが見つかるかもしれません。もちろんそれは資産株だけでなく、本書で説明している大きな考え方全般に言えることです。小手先のテクニックにとらわれず、目先の利益ばかり追わず、大きな考え方を自分の中に作り上げて行きましょう。

貸借対照表の大枠を理解する

ここまでの資産株の事例を見ると、株式投資で成功する可能性を高めるためには、PBRなどの人から与えられた指標だけでなく、その指標の計算のもとになった数値を自分で見ていくことの積み重ねが重要になることがわかります。

PBRを使いこなすには純資産がわからなければなりません。純資産＝資産－負債ですから、資産と負債にどんなものがあるのかを自分で読み取れるようになる必要があります。そのためには、まずは大きな視点で、資産と負債の一覧表である貸借対照表を理解してある程度読めるようにならないといけません。

貸借対照表は、決算日時点で企業がどれだけのお金やモノ（資産）を保有しており、一方で借金など（負債）がどの程度あるのかを表した表です。

そして、資産と負債の差額が純資産です。これを読むことができれば、主に企業の「安全性」を判断することができるようになります。また純資産と時価総額、あるいは1株当たり純資産と株価を比較することでPBRを算定し、資産面での「割安度」を測る入り口にもなります。

貸借対照表の基本

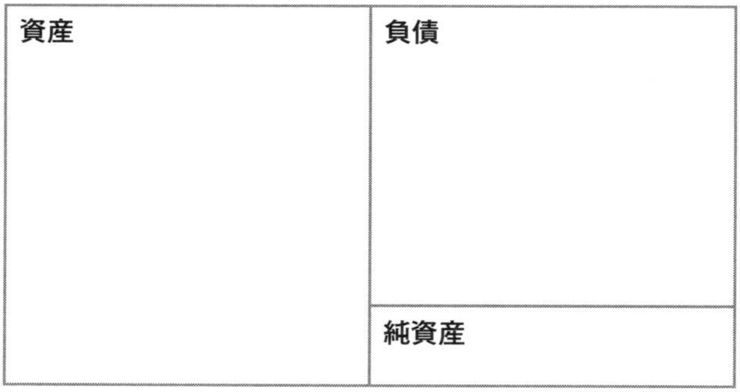

資産	負債
	純資産

貸借対照表は、左に企業が保有する資産、右に負債、そして資産と負債の差額である純資産で構成されています。

ただ、投資家がよく見る決算短信や有価証券報告書に記載されている貸借対照表は、右ページの図のように縦長に記載されているので、人によっては違和感があるかもしれません。

上の図の方が資産－負債＝純資産という構図がわかりやすいため、一般的な書籍ではこちらの記載方法が多いです。私が決算短信を見る際も、頭の中では上の図のように、負債と純資産は右側にあるイメージで考えています。

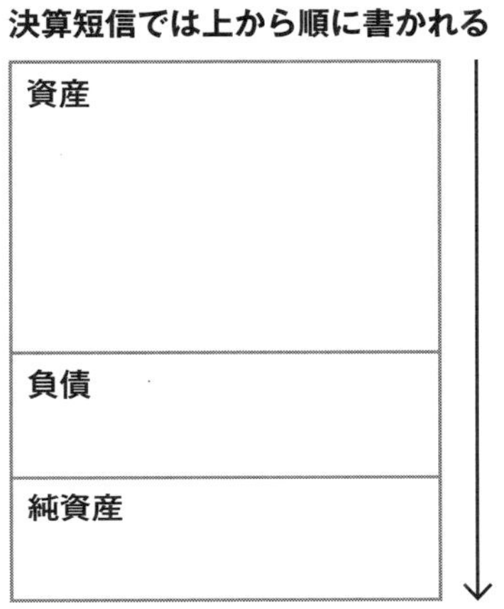

決算短信では上から順に書かれる

資産
負債
純資産

貸借対照表が「何を表しているのか」をもう少し詳しく見て行くと……

まず、**右側は「企業がどこからお金を集めたのかの証明書」のようなものです。**難しい言葉では調達源泉などと言われます。負債側のもっとも主要な項目は借入金ですが、これは銀行からお金を借りたことの**借入証明書**が存在することを示しています。純資産側のもっとも主要な項目は資本金ですが、これは株主からお金を出してもらった**出資証明書**が存在することを示しています。

そして、実際に集めたお金そのものは資産側の現金に計上されて、資金調達が完了したスタート時点の貸借対照表は62ページの図のようになります。

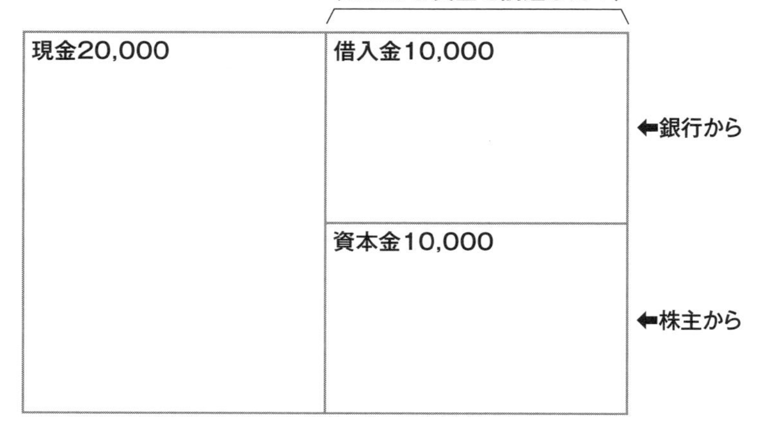

なぜこのような説明をしているかというと、**負債や純資産の項目は「お金そのもの」ではなく「証明書」が存在するにすぎない**ことを強調したいためです。たとえば、よくある誤解としては資本金100億円の会社であれば、会社の手元に必ず100億円の現金があると誤解している人がいます。実際にはそんなことはなく、過去に株主が100億円を出資したという「証明書」があるにすぎません。

同様に、「借入金」の金額に関しても、銀行から借りたお金が手元にあることを示しているのではなく、過去に銀行から借りて将来返済しなければならない金額の「証明書」が存在するにすぎません。

このように、貸借対照表の右側（負債や純資産）の項目は、ほとんどが「証明書」のようなものだと最初に理解しておくと後々混乱せずにすむと思います。

それでは上記の企業の貸借対照表がどう変化するかというと、企業が商売するにはお店を作ったり、お店で売る商品を仕入れなければなりません。これを現金で支払ったとすると現金が減る代わりに購入したものが資産に計上されます。

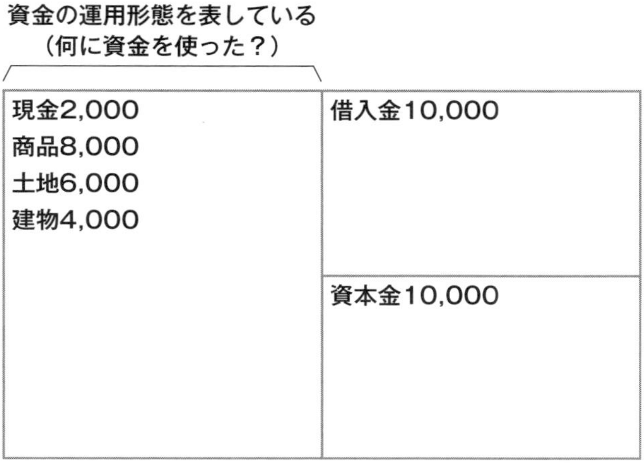

資金の運用形態を表している
（何に資金を使った？）

現金2,000 商品8,000 土地6,000 建物4,000	借入金10,000
	資本金10,000

このような形に変化して行きます。こうして**貸借対照表の左側は、集めた資金をどのように商売に生かすためにモノに変えて行ったのか**（難しい言葉で言うと運用形態）を表しています。

この時点ですでに、企業が保有する現金は残り2,000となっており、右側の借入金や資本金に表示されている金額を実際には企業が保有していないことがわかるのではないでしょうか？

こうして企業がビジネスを日々行っていくと、保有している資産や、証明書としての負債や純資産の金額も日々変化して行きます。金額は日々変化して行きますが、外部の関係者である株主（企業に出資した人）や債権者（企業からお金を回収する人。主に取引先や銀行）は、はたしてこの企業が安心して付き合っていけるのかどうかを客観的な数字で示してもらう必要があります。そこで決算日時点での資産、負債、純資産の一覧表を作ることで、企業の安全性がどの程度あるのかを理解してもらうのが貸借対照表です。

投資家として貸借対照表をどう生かす？

守りの視点から①

それでは実際の投資判断に貸借対照表はどう生かしたらよいのでしょうか？

リスクモンスター等の事例であったように、資産株ではPBRの分析がスタートラインになりますが、純資産の構成要素である資産と負債の内訳をざっくり把握することでその企業の安全性を把握することができます。一般的には安全性の高い企業ほど余剰資金も大きい傾向があります。

まずは企業の安全性をざっくり把握しましょう。安全性というのは多少業績が悪化してもそう簡単に倒産しないだけの企業体力があるかです。

企業の安全性を検討するのに最も一般的なものは自己資本比率です。

自己資本比率　＝　自己資本÷資産合計

（自己資本＝純資産－新株予約権－非支配持分）

正確にはこうなのですが簡便的には、

自己資本比率　＝　純資産÷資産合計

としても大きな問題はないと思います。

自己資本比率が高いほうが、相対的に負債が小さいことを意味しますから、借金を返済できないリスクが小さくなり、株主や債権者にとって安全と判断できます。

上場企業の自己資本比率は平均的には30％程度の会社が多いようです。

個人的には、50％を超えてくると安全性の高さを感じ、70％を超えると極めて安全性の高い企業という印象です。

ビジネスモデルによっても異なりますが、自己資本比率が高まると、借入金はほとんどなくなり実質無借金経営と言われるような状態になります。こうなってくると多少経営に失敗して赤字を出しても企業の存続に影響を与えることもなくなるため、安心して投資できるというわけです。

自己資本比率 70%→安全性高い

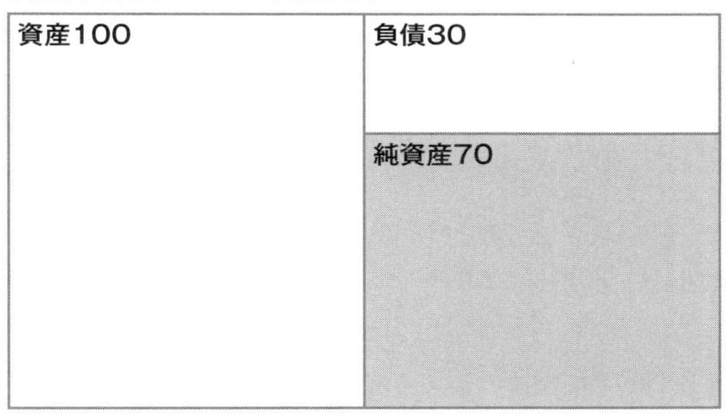

自己資本比率 10%→安全性低い

資産100
負債90
純資産10

攻めの視点から①

それでは自己資本比率は高ければ高いほどいいのでしょうか？

無借金で現金をたくさん保有している会社の場合はどうやっても倒産することはないので、「株は紙切れになる可能性があるから怖い」などと考える人は、まずは実質無借金なことを最大限重要視して自己資本比率の高い銘柄を選べばいいと思います。

ただし無借金であることを重視しすぎると思わぬ落とし穴にはまることがあります。無借金を続けている企業は、裏を返せば成長のための投資に現金を使うことが少ないから無借金になっている場合も多いためです。

株主の立場からすれば、こうした企業は安全性は高いものの、株主が求める十分な利益を計上しておらず、成長のための投資や株主還元に資金を振り向けていないため、評価が低くなる傾向があります。その結果、純資産は多く保有しているけど株価は低い、低PBRの状態になることが多くなります。

私も無借金経営をしていて現金預金をたっぷり持っている銘柄を単純に好んで買った時期がありますが、成長性の高い銘柄と比較するとあまり株価が上がることはありませんでした。なぜなのか一歩進んで考えてみると、企業が現金や銀行預金をたくさん保有していても、それ自体はほとんど収益を生まず変化に乏しいことが理由だと思います。上場企業であるならば、企業価値を高めるために将来の利益に結びつく投資をしなければなりません。あるいは投資対象がないのであれば、余剰資金を株主還元に振り向けることで企業価値を高めなければなりません。

だからこそ、低PBRの資産株はカタリストが将来起こりうるかどうかを、自分なりに考えることが非常に重要になります。「安全性が高いから買う」

のは、守りを重視する初心者の段階です。その先は、何らかの根拠で企業が株主還元の方針等について、「変化する余地があるから買う」という攻めの視点を目指します。割安な資産株投資の成功率を高めるにはこの意識が重要になります。

資産株における典型的なカタリストの中でも増配と自社株買いは経営者の判断で行われますが、これらはどちらも余剰資金を使って純資産を減らす行為です（詳しくは118ページ）。次ページの図のように自己資本比率を低下させる効果があります。

自己資本比率は高すぎてもあまり意味がないので、ため込みすぎたものは株主に返して少しスリム化した方が株主にとっても望ましいわけです。自社株買いで株主価値が高まります（142ページ）し、増配があれば株主の手元に現金が行き渡るからです。

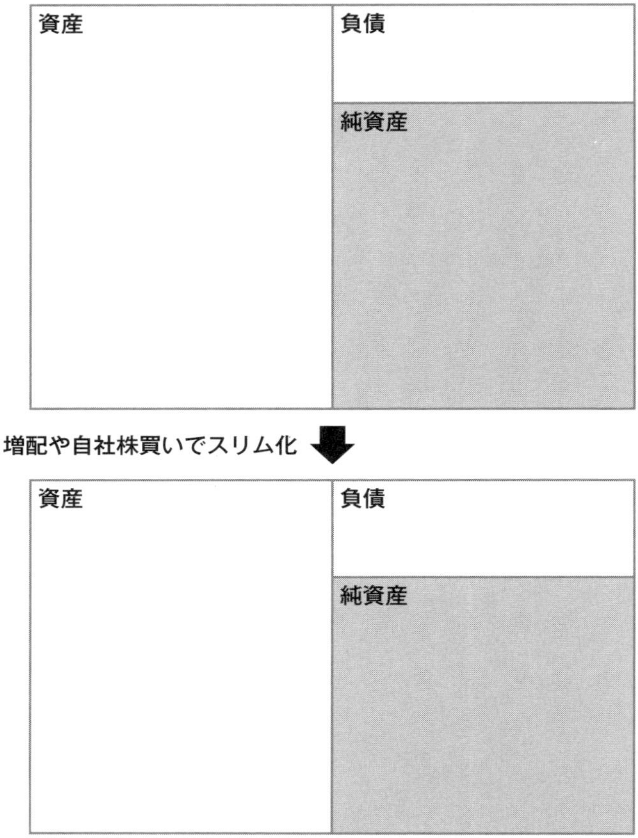

資産	負債
	純資産

増配や自社株買いでスリム化 ⬇

資産	負債
	純資産

守りの視点から②

自己資本比率の次に安全性を分析する指標として流動比率があげられます。流動比率もまた高いほうが安全な指標です。

流動比率＝流動資産÷流動負債

貸借対照表で表すと…

<table>
<tr><td rowspan="2">流動資産</td><td>流動負債</td></tr>
<tr><td rowspan="2">固定負債</td></tr>
<tr><td rowspan="2">固定資産</td></tr>
<tr><td>純資産</td></tr>
</table>

貸借対照表の資産と負債をもう1段階細かくするとこうなります。大雑把な説明としては、流動資産は1年以内に現金化される資産、流動負債は1年以内に返済しなければならない負債です（厳密には営業循環による分類というのがありますが最初は難しいことを考えなくてもいいと思います）。

そして固定資産と固定負債はそれ以外の長期のものです。実際の貸借対照表の流動資産の部を見ていただくとわかると思いますが、**一番上が現金預金で、上の方に記載されているものほど現金に近いもの**ということになります。

流動比率の一般的な説明としては100％を下回っていると危険。なぜなら1年以内に現金化される流動資産より、1年以内に返済が必要な流動負債が上回っているから、資金繰りに行き詰まる可能性があるからです。

自己資本比率と共に流動比率に注意しておけば、投資先が破綻するリスクはどんどんゼロに近づけることができるはずです。

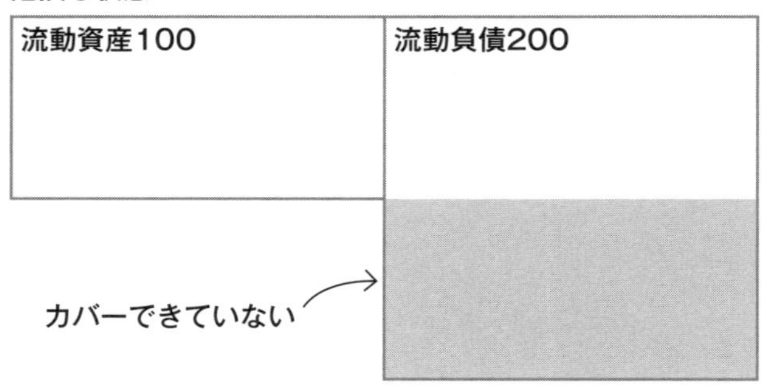

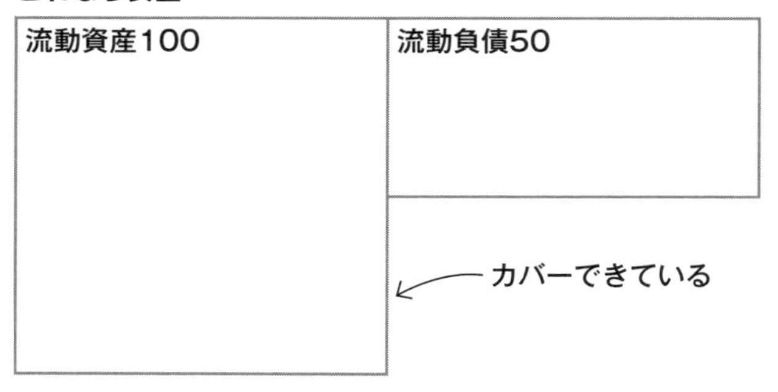

攻めの視点から②

一般的な傾向としては、たしかに流動比率が高い方が安全なのですが、実際に投資をしているとたびたび違和感が出てくることがあります。結構な頻度で投資候補と考える企業の中に流動比率が100%を下回っている企業が登場するからです。ただ、個人的には流動比率が100%を下回っていてもさほど資金繰りが行き詰まるリスクを感じていません。理論と実際の投資にはかなりのギャップを感じます。

どういうカラクリがあるのかというと、「短期借入金の借り換え」です。流動負債の内訳項目である短期借入金はたしかに1年以内に返済しなければならないのですが、よくあるパターンとして、返済期日に同額の新規借り入れを行う契約を銀行と結びます。すると、利息さえ支払っていれば実質的には短期借入金を1年以内に返済しなくてもすむわけです。

そのため流動比率が100%を下回っているからといって、この企業はリスクが高いと切り捨ててしまうと、せっかくの有望な投資先を逃してしまうことにもなりかねません。**大事なことは流動比率だけで機械的に線引きするのではなく、他の指標や売上・利益の状況と合わせて総合的に判断することです。**積極的にビジネスに投資している好調な企業は、資金需要が大きく借入金も膨らむため、短期的に自己資本比率や流動比率は悪化する傾向がありますが、それを理由に切り捨ててしまうのは攻めの観点からは非常にもったいないケースがあります。

もちろんまったくリスクがないわけではなく、業績や経済環境の急激な悪化に伴い銀行が借り換えに応じてくれなければ資金繰りに行き詰まり倒産ということもありえるわけなので、バランスの問題です。ここでも「総合的に考える」ことが必要なわけです。自分なりに守りと攻めのどちらがどの程度向いているのかを、実際の銘柄研究を通じて少しずつ感覚を磨いていけばいいと思います。

本当に危険なの？

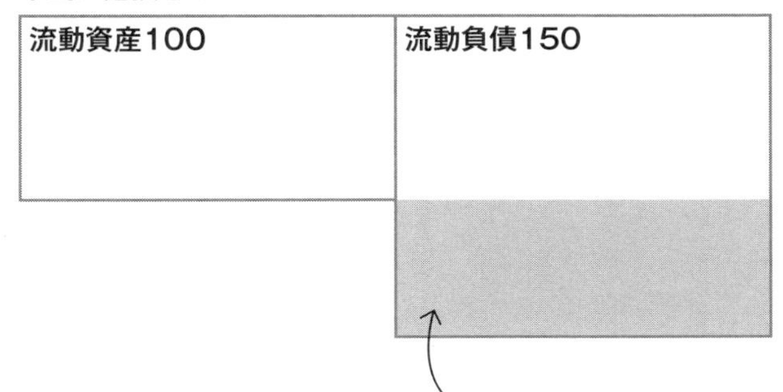
流動資産100
流動負債150
カバーできていないが、短期借入金は実質的には短期で返済不要の可能性もある

結論としては、自己資本比率も流動比率も高いほど安全性が高いということは事実です。ただし、それは裏を返せば効率的に資金を運用しておらず、余剰資金ばかりが蓄積されている可能性もあります。そのような企業の場合は株式市場では評価が低くなる（たとえば低PBRになる）ため、何らかのカタリストが発生する可能性を考えて投資を決めることが重要です。

逆に、自己資本比率も流動比率も低い企業は安全性が低いということも事実です。ただし、積極的な先行投資をしているからそうなっているという場合もあり、将来の成長が見込める企業であれば安全性の低さは短期的なものであまり問題にならないことになります。

このように、貸借対照表にかかわる安全性は、本来は何％だから良い悪いと単独で結論を出すことはできません。そのため、企業が直近の決算日時点でどのような状態なのかを把握するヒントとして使う指標ということになります。そして、一時点ではなく数年単位で指標がどう変化しているのか、将来はどう変化していきそうなのかを考えられるようになれば、投資上級者の仲間入りとなるのではないでしょうか。

Column

「利益剰余金」と「余剰資金」の違い

資産面での余剰資金の話が出てきたので、関連して内部留保と余剰資金の相違についてお話ししてみたいと思います。

リーマンショックの頃に「企業はリストラするな、内部留保を取り崩して雇用を守れ」のような、明らかに変な言い回しと感じるものがありました。最近でも「内部留保をため込むな、設備投資を増やせ」というおかしなものがあります。何がおかしいか、内部留保の意味や、損益計算書と貸借対照表のつながりを理解している人にはすぐにわかる話です。

これらは素人が言っていたわけではなく、大手の新聞社の記事や政治家の言葉の中に出てきたため、この人たちは内部留保が何なのかわかってないのか、それともわかった上で確信犯的にあえて言っているのか、と疑問に思ったものです。

まず「内部留保」という言葉の定義自体があやふやですが、「利益剰余金」を指すと考えられています。利益剰余金は、毎年の純利益から配当金を差し引いて残った金額が蓄積されたものです。貸借対照表の右側の純資産の部に計上されます。

貸借対照表の右側の項目は、実際にモノやお金が存在するわけではなく「証明書のようなもの」と説明しました。利益剰余金も同じであり、これは計算上、過去にどれだけの利益を計上し企業の中に残してきたのかという「証明書」にすぎません。

一方で、「企業は内部留保をため込んでいるんだから、リストラするな、賃金に回せ、設備投資しろ」という言葉は、企業がキャッシュをたくさんため込んでいるからそれを使えという意味で使われているようです。これは大きな誤解です。

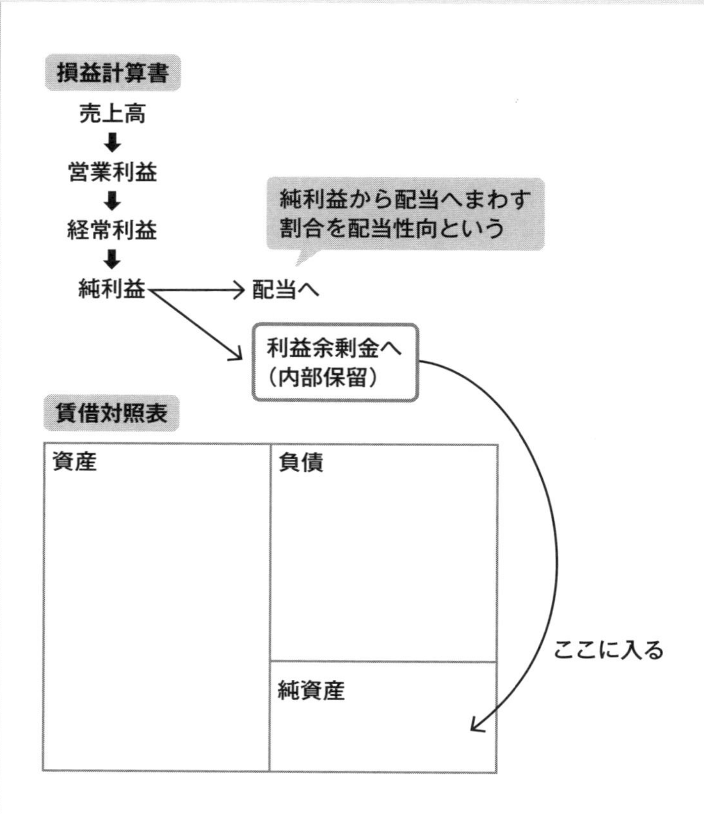

利益剰余金が100億円あれば現金も100億円保有しているという間違った解釈がなされているのではないでしょうか。

企業が過去に100億円利益を稼ぎ、利益剰余金が100億円あったとしても、過去に稼いだお金は次のビジネスのために投資されていきます。新しい工場を建てたり、そのための土地を買ったり、あるいは海外進出のために外国の会社の株（投資有価証券）を買ったりしているわけです。特に上場企業は成長していくことが使命ですから、現金そのものはどんどん使っています。そのため、内部留保（利益剰余金）を見るだけでは、その企業がどの程度現金に余裕があるのかはほとんどわかりません。

そして、設備投資をしても貸借対照表の右側の内部留保（利益剰余金）は減りません。貸借対照表の左側の現金が減り固定資産が増えるだけです。

企業がため込んでいる現金に対して意見するのであれば、「内部留保」ではなく「余剰資金」などと言い換えれば解決すると思うのです。余剰資金というのは貸借対照表の左側に計上されている現預金や有価証券などがたくさんある状態を指します。こうした企業は「キャッシュリッチ」と呼ばれる企業でもあります。もちろん借入金がたくさんあってはキャッシュリッチとは言えませんから、有利子負債は差し引いたうえでキャッシュリッチかどうかを判断します。結局のところ、内部留保についてあれこれ言っている人は、貸借対照表の純資産の所しか見ていないようなものだということです。それを構成する資産と負債を見なければ企業の実態はわかりません。

損益計算書とのつながりも理解する

また、損益計算書と貸借対照表がつながっていることをきちんと理解している人の場合、「内部留保を〇〇億円取り崩せ」＝「黒字企業の場合は、〇〇億円だけ黒字を減らせ」「赤字企業の場合は、〇〇億円の赤字を垂れ流せ」という理解になります。

そもそも内部留保（利益剰余金）を減らすということは、赤字を出すということです。

「内部留保を取り崩せ」ではなく「赤字を垂れ流してでも雇用を守れ、賃上げしろ」という言葉に転換すると、まったく印象が変わってくるのではないでしょうか。非上場企業であればもちろんそれも1つの経営判断ですが、上場企業の場合には赤字を続ければ株価は暴落し、下手をすると買収のターゲットにもなりかねません。

もちろん人材に対してどこまでお金をかけるかは各経営者の判断によるわけですが、あまりにも論理的でない主張を繰り返す人は何も理解していないのではないかと思ってしまいます（わかった上であえて言っているのならまだ良いのですが……）。

論理的に企業に対して物申すのならば、「余剰資金があり余裕のある会社は今のうちに人材に積極的に投資することで将来の利益につなげることが、株主に対しても責任を果たすことになるのでは？」といったあたりでしょう。

それだとインパクトが弱いために、あえて「内部留保をため込む企業は悪者」みたいな主張をしているのかもしれませんが、もともと内部留保は株主のものなので、株主の利益につながるような使い方をするのが経営者の責任という大前提があるのです。

財務諸表のつながりを少しでも学んだ人ならば、今後はぜひ、ニュースの中に内部留保という言葉が出てきた場合には、内部留保という言葉の意味をその人がちゃんとわかっているのかどうかを考えてみると面白いと思います。

余剰資金が大きい企業→内部留保も大きい企業
内部留保が大きい企業≠余剰資金が大きい企業
通常はこんな関係にあると思われます。

無借金経営でも倒産リスクはある？ ——スカイマークの事例

無借金経営であれば、通常それなりに大きな現金を保有していますから、倒産リスクは極めて低くなります。倒産とは大雑把に言えば現金が足りずに債務の決済ができない時におきるものだからです。

しかし、無借金経営で自己資本比率も高かったにもかかわらず倒産してしまった会社に数年前のスカイマークがありました。いくつかの不運な出来事が重なった結果として、現金が一気になくなり、民事再生法を申請する以外に道がなくなってしまったものです。

簡単にまとめると、燃料費の高騰と円安のダブルパンチを受けて本業が赤字に転落してキャッシュが流出してしまう中、数年前に契約した大型飛行機の支払いができなくなり、契約解除しようにも巨額の違約金を求められる展開となり、どうにもならなくなってしまったということになります。

スカイマークは自己資本比率が高く、無借金でもあったことで、なんとかなるのではないかと思ってしまった投資家も多かったかもしれません。何が問題だったのか、大きく2つのポイントがあります。

1つめのポイントは、簿外債務と呼ばれるものでした。航空会社は高額の飛行機をリースしていますが、それに関連する資産・負債は貸借対照表に計上されないという特徴があります。この点を航空会社に投資する株主なら知らなければなりませんでした。

リースというのは飛行機を借りて運行するものですが、都合が悪くなったからといってすぐに解約するということができないため、実質は借金のようなものです。

実際、スカイマークの未経過リース料（既に契約していた今後のリース料金の総額）は908億円（2014年3月末）もありました。これを考慮するとスカイマークの実質の自己資本比率は大きく下がってしまったのではないでしょうか。こうした誤解を生じさせる点は世界でも問題になっているようで、このリース資産やリース債務を貸借対照表に載せようという動きもあるようです。

2つめのポイントは無借金に対する誤解です。無借金という点は、逆に言えば保有する現金が枯渇してしまったら資金ショートしてしまうというリスクも含んでいるということになります。大きな問題を抱えてから融資してくれる銀行はなかなかいないだろうからです。

なお、スカイマークの現金の流出に関しては、現金及び預金の残高だけでも決算毎に推移を追っていれば目に見えてわかりました。これだけのスピードで現金及び預金が減少していれば、どこかの時点で大きなリスクに気付けたはずです。

スカイマークの現金及び預金残高の推移

2012年	2013年	2014年2Q	2014年4Q	2015年1Q	2015年2Q	2015年3Q
306.48億円	231.55億円	179.54億円	70.65億円	72.23億円	45.49億円	7.3億円

特異な事例ではありますが、無借金だから「絶対に」倒産しないということはないということです。投資に絶対はないということは長年株式投資をやっていれば必ず実感することです。そうしたリスクは分散投資である程度コントロールすることもできますし、多額の現金を保有する企業に優先して投資することでリスクを減らすこともできます。

ですが、上場企業が倒産する確率というのは案外低いものです。15年くらいの間に私が投資した企業は短期のものも含めれば500社くらいはあると思いますが、そのうち倒産してしまったのは記憶する限り3社のみです。そしてその3社についても経営悪化の過程で損切りするなりしていますので、自分が株主の時に倒産してしまったのは1社もありませんでした。

スカイマークも倒産リスクがあることはたびたびニュースになっていましたし、ある程度でも自分で調べることができれば、どこかで避けることは十分できたのではないかと思います。

成長株の発掘こそ株式投資の醍醐味だ

第1章で取り上げた優待株は企業が設定した優待があり、第2章で取り上げた資産株は裏付けとなる資産があるため、ともにどちらかといえば不確実性の低い投資でした。

一方で、これから解説する企業の収益面に焦点を当てた成長株への投資は、企業の将来に期待して買うため不確実性の高い投資です。その分うまくいった時のリターンは高くなります。

成長株への投資とは、大まかにいえば、企業が毎年計上する利益の価値から判断して割安な株に投資することです。そこで、成長株への投資の出発点は、企業が計上する**利益と時価総額を比較、または1株当たり利益と株価を比較して算定したPERが割安なものに投資する**ことを考えます。

株価＝1株当たり利益（業績）×PER（人気度）

PERとは

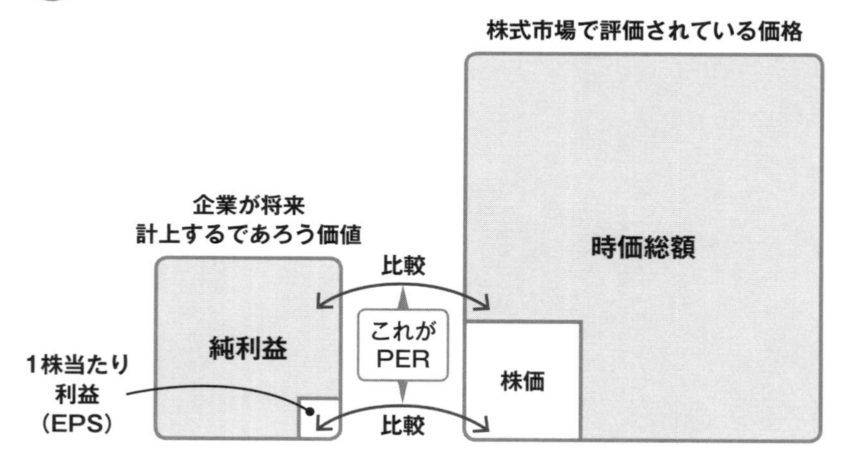

PER＝ 時価総額÷純利益　または
株価÷1株当たり利益（EPS）

単純な式ではありますが、これを普段から意識することでいろいろなものが見えてきます。

ここからわかることは、株価が上がる銘柄を見つけるためには、**業績がこれから向上するか、人気度がこれから高まる企業を見つけなければならない**ということです。私が優待株を最大限重視しているのはこの人気度を気にしているからです。優待株であること自体が人気度を高める要素の1つですし、優待の知名度が向上するにつれ株価が上がるというのもすべてはこの人気度が上がるということにつながります。また、カタリストを重視しているのも、同じく人気度が高まることを重視していると言い換えることができます。

けれど**最もいいのは業績も向上し、人気度も上がる企業**であることです。そうした企業に投資すれば、式の通り、掛け算で株価が数倍になることもある。それが成長株投資です。そうした投資先をどうやって発掘するのか、いくつか具体的な事例を見ながら考えてみたいと思います。

システムリサーチの事例

私が何をきっかけに投資したい企業を初めて知るのかにはいくつもパターンがありますが、その1つが東証1部昇格候補となる「昇格サイン」による発掘です。

システムリサーチ（3771）は、同社がまだJASDAQに所属していた2016年2月頃に検討を開始した企業です。東証1部昇格候補となる企業を探す時に私が常に注目している「昇格サイン」である**優待新設、立会外分売、株式分割**のすべてを短期間のうちに行っていたため注目し始めました。昇格要件から逆算していろいろ調べると、同社が将来の東証1部昇格を見

据えていることは明らかでした

（昇格サインについて詳しくは前著『昇格期待の優待バリュー株で1億稼ぐ！』にあります）。

ただし、昇格候補であれば何でもいいわけではありません。銘柄をピックアップしたあとは、中期計画などで業績面を検討し、割安度を検討し、投資対象としてどの程度魅力的かを探り、どれだけ投資するかを決めていきます。このときは、総合的にかなり魅力的と感じたため、数百万円を投じる価値があるかもしれないと判断して投資した結果、半年で60％以上の値上がりを達成することでができました。そして2016年12月には予想通り東証1部昇格も実現してくれました。

昇格候補という点以外の魅力を探るには、「成長」「割安」株としてどの程度魅力的かを検討します。繰り返しますが、株価＝1株当たり利益（業績）

システムリサーチの株価チャート

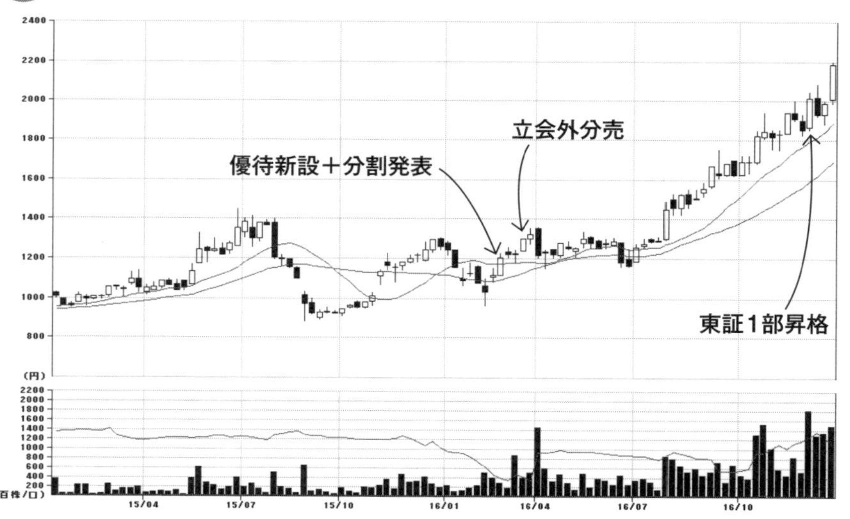

×PER（人気度）ですから、業績の伸びる余地と、人気度が高まる余地を探らなければならないわけです。つまり、今よりも業績が伸びると思われ、今は不人気に見えるけれど将来何らかの理由で人気度が高まると思われる企業を探します。

まず、システムリサーチの業績面の分析に関しては会社が当時出していた中期計画を検討しました。

システムリサーチの中期計画

	2016年3月期	2017年3月期	2018年3月期
売上高（予想）	110億円	119億円	128億円
経常利益（予想）	8.8億円	10.2億円	11.4億円
純利益（予想）	5.2億円	6.1億円	6.8億円
EPS（予想）	126円	148円	165円
PER（株価1172円の場合）	9.2倍	7.9倍	7.1倍
PER15倍時の想定株価	1890円	2220円	2475円

中期計画とは企業が作成した数年後の売上・利益目標であるとともに、企業が進もうとしている方向性を確認できる資料です。

もちろん、目標はあくまで目標なので信じすぎてもいけません。個人的な印象としては中期計画を実際に達成できる企業は半分もないくらいだと思います。ただ、企業が数年後にどの程度の数字を目指しているのかはわかりますし、何もない状態よりはよっぽど業績面でのヒントになります。

システムリサーチの場合は上の表の通り、売上・利益とも10～15％程度の成長を目指しているということで、現実的な数字だと感じました。企業によっては30％以上の成長を何年も続ける計画であったり、なぜか最終年度にドカンと利益が出る計画だったりと、ぱっと見ただけで疑問に感じる強気すぎる中期計画などもあります。その実現可能性の判断についてはケースバイケースなので、ご自身で検証して経験を積んでいくしかないと思いますが、あまりに強気なものは警戒しておいた方がいいでしょう。その点、システムリサーチは第一印象から比較的安心感がありました。

中期計画の実現可能性を考える際には、IR情報をじっくり読んだり、会社四季報を何冊分か読んだり、決算の受注情報を見たり、できるかぎりのことをやった上で判断しています。

たとえば、システムリサーチの決算説明会資料や会社四季報を見ると、顧客の需要は旺盛なのに人手不足のため、従業員がフル稼働に近い状態であることが読み取れました。そうであれば、人材を補強できれば売上も利益も順調に伸ばして行けそうです。そして優秀な人材を確保するには、東証1部というブランドは極めて有効だと想像できます。だからこそ、経営陣は東証1部昇格を見据えた施策を立て続けに行ってきたのではないか？……などと勝手な想像ではありますが、いろいろなことがつながったように思えました。中期計画の実現可能性が高そうなことと、東証1部昇格候補となる根拠がそろいました。

一方で、現状の人気度（割安度）も考えていきます。システムリサーチの場合は検討当時のPERは9倍程度と割安に見えました。東証2部上場企業は目立たない存在のため人気度が低く、放置されていることがよくあります。しかし、業績好調、かつ東証1部昇格があれば、注目度が高まり人気度も高まってくることでしょう。

仮に中期計画通りに業績が達成され、東証1部昇格を果たした場合に、東証1部の平均的なPERであるPER15倍程度まで水準訂正が起こると仮定した場合を考えてみます。すると、前出の表のとおり2年後の想定株価は2475円と、検討当時の株価（1200円弱）の2倍超となりました。そのため、2～3年の間に、今の株価＋50％～2倍くらいは十分に狙える可能性があり、数百万円を投資する価値があるという結論になりました。

大事なことなので繰り返しますが、株価＝1株当たり利益（業績）×PER（人気度）の両方を意識して検討していることがわかると思います。株価2倍を目指すには、1株当たり利益の成長で＋30％程度（126→165)、PERの水準訂正で＋50％（9倍台→15倍）程度が実現すればいいわけです。1.3×1.5＝1.95となるわけですから概ね2倍ですね。

業績面は中期計画を、人気度は東証1部昇格というカタリストを重視したわけです。両方がうまいくいけば掛け算で株価は何倍にもなる可能性がありますし、片方がうまくいかなくてももう片方がカバーしてくれる可能性もあります。

このように自分の中で何を検討するのかの枠組みをある程度作っておくと、短時間での分析が可能になりますし、経験を積むにしたがって分析の精度を高めていけます。

なお、システムリサーチについては優待面（優待利回り2％弱)、資産面（PBR1.5弱）も検討時に見ていましたが、優待で多少株価の下支えがあるかなという程度であまり重要視はしませんでした。割安成長株＋東証1部昇格候補としての魅力が一番強かったためです。

その結果として、84ページのチャートの通り、比較的短期間のうちに、業績の向上と東証1部昇格による人気度の向上により大きな値上がり益を手にすることができました。なお、昇格候補として意識され始めたことで昇格前から人気は向上しており、昇格発表をきっかけにさらに上昇しています。非常に理想的な展開の投資事例となりました。

あとは、昇格期待だけで人気度が十分高まったと思うなら昇格前に売ってもいいし、昇格をゴールとして売ってもいい、さらなる成長を期待するなら継続保有してもいいわけです。そこはシステムリサーチに対してどこまで期待しているのかや、他にもっと期待できる銘柄があるかどうかなど場合によると思います。

この企業は成長株と言えるのか？

何をもって成長株というかは明確な定義付けがあるわけではありませんし、定義する必要もないと思います。けれど、私が好きな割安成長株のイメージとしては、売上・利益が毎年（できれば3年以上）10～30％程度増える可能性があると見込まれるのに株価があまり反応しておらず、特にPERの面で割安（1桁～12倍くらい）と思える状態にある企業です。

JASDAQや東証2部にそうした企業を発掘する機会が多いことから、東証1部昇格が人気度を修正する1つのカタリストになりえます。システムリサーチはこの例でした。

なお、成長株に当てはまらないのは売上が伸びていないのに利益が伸びている、もしくは以前より回復しているといったケースでしょうか。たとえ数年利益が伸びていても、それは主にコスト削減によってもたらされたものであり、その後さらに利益を伸ばすためには売上自体の伸びが必須になるためです。

逆に売上は伸びているけど利益があまり伸びていないケースは成長株になりえます。企業が成長するには先行投資が必要なことから、成長の初期においては先行投資される費用の割合が大きく、利益の伸びが抑制される傾向があるためです。

先行投資が一段落したり、それ以上に売上が成長すると利益率が急激に高まる段階に入ることがよくあります。そのため、**売上の伸びは成長性を判断するうえでは利益よりも重視しています。**

ただし、M&Aによる売上の成長は一過性のものです。あくまで継続して売上が増える可能性を重視します。

ライフサイクルの考え方を身につける

成長株を発掘する際によく頭の中で考えているのが企業のライフサイクルという考え方です。この考え方を知っておくと、いろいろな場面で役立ちます。

企業のライフサイクル

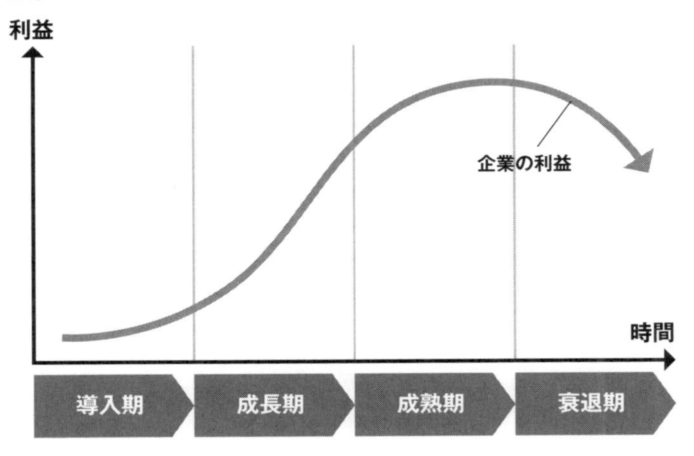

ライフサイクルとは企業の売上・利益の成長を、導入期、成長期、成熟期、衰退期と分けて考える方法です。永遠に成長する企業というのはまずありえない存在であるため、一般的な傾向として、企業の利益成長は上の図のようなライフサイクルに沿って推移します。もちろんすべての企業がこのパターン通りになるわけではありませんが、こうした傾向があるということを前提知識として持っておくと、さまざまな発見があると思います。

具体的な利益成長の傾向としては図の通りですが、各期において株価とPERがどう変化する傾向があるかをあわせて押さえておくと、企業を見る目が変わります。以下、解説していきますが数値については経験をふまえた個人的見解です。

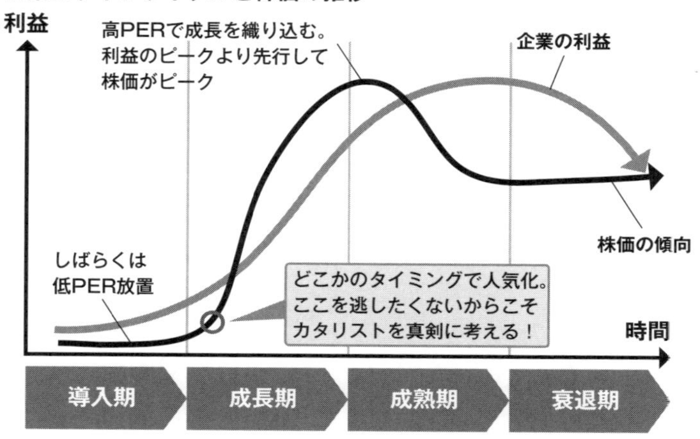

導入期から成長期の初期に関しては、売上・利益とも大まかに5%～15%程度の伸びというイメージです。売上に比べて利益が伸びない場合もあるのは前述の通りです。一方で、まだ株式市場での知名度がないため株価としては割安放置になることが多々あり、利益が伸びてきているのにさほど株価は反応せず、低PERになることがあります。こうしたタイミングが仕込み時になります。将来の東証1部昇格を見据えている場合、早い段階で株主優待を新設することもあるため、優待新設をきっかけにこの段階の有望企業を発掘できたらラッキーですね。私がシステムリサーチを買った時は、ちょうどこの成長期の初期のタイミングではないかと考えていました。

経営がうまく行き本格的な成長期に入ると、大量出店などで売上と利益がどんどん伸びていきます。売上は15%成長なのに利益は30%成長などと利益率が上がってくる時期です。株式市場でも知名度が増してくるため、株価としても一番の成長期を迎えます。低PERだったものが人気化し始め標準~割高まで買われることもあり、投資家としては最も美味しい段階をこのあたりで迎えます。利益の伸び率×PERの伸び率＝株価の上昇割合となるため数倍株もしばしば発生します。

なお、JASDAQから東証1部まで駆け上がる企業はこの成長期と重なることが多いため、昇格候補となる企業を探していると、タイミングがうまくはまれば成長期における株価上昇の恩恵も受けることができることでしょう。だからこそ、私が特に重視している昇格期待銘柄は成長期にあてはまると思われる割安銘柄なのです。システムリサーチの場合は、ちょうど利益の線と株価の線が交わり、利益成長以上に株価が上昇してくれた(つまり1部昇格をカタリストにPERが上昇した)タイミングだったと思います。

それなりに成長を果たすと出店ペースは落ち、安定的な業績になる成熟期に入ります。売上・利益は1桁成長に戻り、そろそろ成長の限界が意識されます。株価的には成長の限界が意識されるため伸び悩みの時期に入ります。利益が増えているのに株価が上がらないどころか下がることもあるため、再び低PERになることもあります。

ここからは、衰退していく企業が多くなります。減益が目立つようになり、出店より退店の方が上回るような段階です。徐々に、PERよりもPBRや配当利回りで株価が評価される段階に入ります。成長株の段階が終わり資産株寄りに変化していくわけですね。

企業は生き物ですので必ずしもこんなパターン通りになるわけではあり

ません。けれど、このように売上・利益だけでなく、PERや株価がどのように変化する傾向があるかを捉えておくだけでもいろいろと役に立つと思います。たとえば成熟期に入った会社の株価が落ちてきて低PERになっても、割安成長株と言えるのか？　これから衰退していくことを織り込んでいるのではないか？　などと考えられるわけです。

こうしたことを自分の頭の引き出しに持っておくと、リスクを抑えることにつながります。たとえばある企業や商品がブームになっている時に、利益がどこまでも伸びて行くような錯覚をすることに対して慎重になります。こんな高成長はいずれ終わるということが感覚的にわかっていれば、結果的に高値掴みを防ぐことになります。また、衰退している企業について現状の株価が割安という理由だけで買うのをためらい、万年割安株を買ってしまうことを防ぐことになります。

実際に投資していると、注意していてもこうした罠にはまってしまうこともありますが、失敗の原因を分析して次回に役立てるためにもライフサイクルの考え方を心に留めておくのがよいのではないでしょうか。

目標株価の考え方

それでは有望そうな成長株を発掘できたとして、どの程度を目標株価と考えるか？　長期的な目標株価を考える際に、私がざっくり計算してみるのは、**「将来のピーク時の想定営業利益×10＝時価総額」になるような株価**です。営業利益50億円をその企業のピークと考えるなら、時価総額500億円（50億円×10）になる株価を算出して大まかな目標株価としてみます。

営業利益の10倍というのはある程度理論的な裏付けもある数値なのですが、最初の段階ではあまりそこを追求しなくてもいいと思います。想定営業利益自体も仮定のものですし、大まかな方向性を検討するための計算だからです。

アビストの事例

この計算は昔から習慣としてやっていますが、長期的な営業利益のピークがいくらくらいになるのかを当てなければならないので不確実であり難易度が高いです。そこで、もう少し中期目線（3年前後）の投資では**PER15倍**を1つの基準に考えます。PERは世界的にも15倍程度が適正水準と言われています。ただ、15倍を基準とするのは出発点としてはよいかもしれませんが、企業の業績は毎年意外とぶれるものです。

雑誌の取材などでたびたび質問される点として、どのような指標で割安な株を発掘しているのかというものがあります。PER15倍以下を1つの基準として投資候補を探すということをよく話しているのですが、PER15倍以下ならなんでもいいと誤解されることもあるため、ここで具体例とともに詳しく説明してみたいと思います。

なお、投資候補を検討する際にはPERだけを見ているわけでなく、PBR・配当利回り・優待利回りに加えて同業他社のPERなどあらゆる指標を同時に見ています。もちろんビジネスモデルも可能な限り理解しようと努めます。その上で「総合的に」魅力的と考えられるかどうかを重視しているのですが、ここでは目標株価の一例としてPER面を掘り下げてみましょう。

私が特に好んで投資対象とするのは、売上・利益ともに10％以上成長しているような成長企業で、なおかつ東証1部昇格を目指していると思われる企業です。つまり、成長株＋1部昇格のカタリストとなります。その中で、PER面の条件としては**「3年後の予想1株当たり利益の15倍」程度を目標株価と考えて、現在の株価とのギャップがあれば、その部分が得られる可能性のある値上がり益と考えます。**

表で示してみるとわかりやすいかもしれません。

アビスト（6087）は初めて買った頃は優待と将来の東証1部昇格を見据えた投資をしていましたが、実際に昇格を達成した後も半分は保有し続けています。優待の魅力に加えて、成長株としての評価でまだまだ魅力的な部分があると考えたためです。

アビストの業績と株価予想

	売上	経常利益	純利益	EPS	検討時の株価	想定株価（PER15の場合）
2016年9月期（予想）	71.41億円	11.44億円	6.97億円	175円	2300円	2625円
2019年9月期中期計画	114.14億円	18.66億円	12.67億円	318円		4770円

このギャップが儲けの幅になる！

アビストの株価は少しずつ評価されてきており、2016年後半に入った段階では、当期の予想EPS175円×PER15倍＝2625円ということで、実際の株価2300円とはギャップが15％程度しかありませんでした。しかし、3年後はどうでしょう。アビストはここ数年、3年後の目標数値を発表する中期計画を出していましたので、3年後の予想EPSで検討することができます。

仮に3年後の利益を中期計画通り達成すると仮定すれば、EPS318円×PER15倍＝4770円となり、当時の株価2300円から2倍以上のギャップになります。今後、株価がこのギャップを埋めていくのではないか？　と期待するのが成長株の分析の出発点になるわけです。

その後アビストは実際にその成長性が評価されてか、執筆時点では3900円台の上場来高値をつけています。ここまでくるとどこで売ってもそれなりの利益ですので、自分が納得する所で売ればいいだけです。

実際には企業の成長もPERの変化も計画通りに行くわけではありませんし、その他の指標や市場全体の雰囲気にも大きく左右されます。けれど、自分自身で目標株価をある程度設定することを習慣にすると、そこを基準にして日々の株価を見ることができます。すると、日々の値動きに惑わされにくくなりますし、想定通りに業績や株価が推移しなかった場合にも何が想定と異なったからそうなったのかが、自分の中に見えてきやすいわけです。そうすることでうまくいかなかった場合も次の投資の糧にすることができます。

資産株と異なり、成長株の場合はある程度は売上・利益の成長に連動して株価が上下しやすいと思います。利益成長による企業価値の増加は非常にわかりやすいためです。

さらに、現状の株価と想定株価のギャップがより短期間に埋まるような効率的な運用を実現するためには、成長株においても**「カタリストとなる何らかのイベント」**が起こりそうなものを優先して選ぶことが望まれます。資産株と同様ですが、東証1部昇格、増配、自社株買い、株式分割などが主なカタリストです。

私が最初に書いた本が東証1部昇格に関する本でしたので、昇格候補と認識できるものであれば片っ端から買っているように誤解されることがよくあります。けれど昇格というのはカタリストの1つにすぎません。現状の株価と想定する株価にギャップを見出し、割安な株に投資するバリュー投資の方が本来はメインです。昇格候補かどうかを考えることは、その投資がより成功するための可能性を高めるおまけに過ぎないのです。

その順番を私自身も忘れないようにしたいと思います。もちろん昇格候補かどうかを先に検討することも、投資候補となる母集団を絞れますから効率の面では悪くないのですが、優先順位として企業価値を考えることを忘れてはならないということです。

成長株投資を行う際にも、

- 現状、割安と言えるかどうかの検討（成長株はPERがメインだが、PBR・優待利回り等もチェック）
- 将来さらに割安となるかどうか、成長可能性を検討（中期計画など）
- 水準訂正のためのカタリストが存在するか検討（東証1部昇格など）

同時にいろいろなことを検討しているのだということを知って欲しいと思います。そうした習慣をつけることで、さまざまな角度からその企業へ投資する魅力を発見できるようになることでしょう。

投資家として損益計算書をどう生かす？

損益計算書は、企業が1年間にどれだけ稼いだかを示す決算書であり、収益性を検討するために使用します。収益性とは企業の稼ぐ力です。まずは、どれくらいの売上があって、その売上を得るためにどんなコストをかけていて、結果としてどれだけの利益を出しているかが記載されていると考えればわかりやすいのではないでしょうか。

「どれだけの利益を出しているか」を2つに分解すると、どれだけプラス

（収益）があったかと、どれだけマイナス（費用）があったかを示すことになります。その差額が純利益になります。

費用（マイナス）	収益（プラス）
純利益（差し引き）	

収益と費用の内容をもう少し詳しくしてあげるとこうなります。このように大きい所を理解したら、少しずつ細かく分解していくのがポイントです。

費用（マイナス）	収益（プラス）
売上原価 販売費及び一般管理費 営業外費用 特別損失 法人税等	売上 営業外収益 特別利益
純利益（差し引き）	

収益（プラス）の代表例は本業の商品やサービスをお客さんに販売した「売上」ですが、本業以外にも銀行預金の利息などの「営業外収益」、一時的に発生した一過性の利益である「特別利益」などさまざまなプラスがあ

ります。

費用（マイナス）の項目にはさらにたくさんの項目があります。本業の商品やサービスを提供するためのコストである「売上原価」。人件費や広告宣伝費などの「販売費及び一般管理費」、銀行借入金の利息などの「営業外費用」、一時的に発生した一過性の損失である「特別損失」、企業が納める税金である「法人税等」などです。

そして多くの投資家が見る決算短信では、損益計算書は報告式という形態で開示されます。報告式の損益計算書では、売上高からスタートし、その企業が何で利益を出したのかがわかりやすいように段階的に小計を計算し、○○利益という区分を設けています。

具体的には、売上総利益（企業の商品・サービス自体がどれだけ稼いだか）、営業利益（広告宣伝費や本社の人件費なども含め企業が本業でどれ

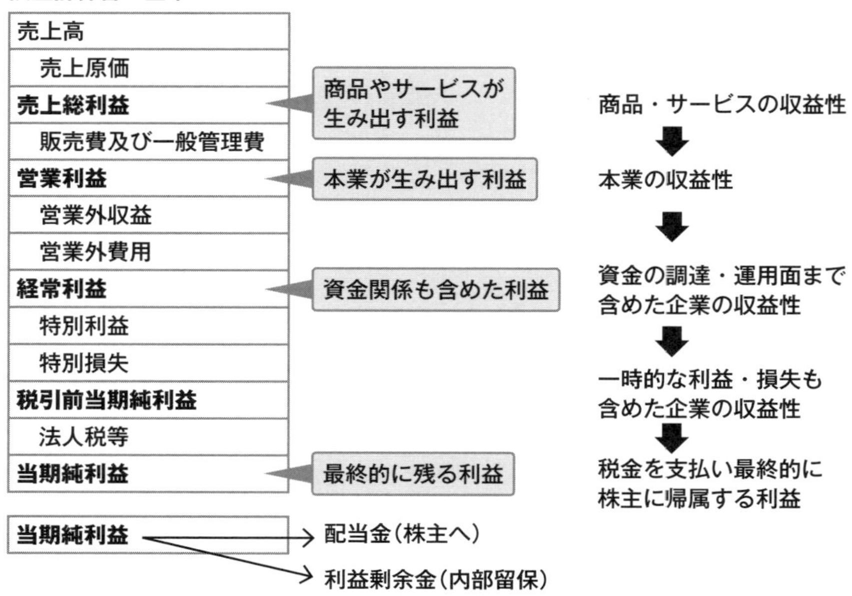

だけ稼いだか)、経常利益（本業以外の余剰資金の運用や資金の借入から発生した損益も含めどれだけ稼いだか)、税引前当期純利益（一過性のめったに発生しない特別な利益や損失を含めどれだけ稼いだか)、そして当期純利益（税金の支払いなども含め最終的に企業がどれだけ稼いだか）が計算されます。

段階的な利益の情報を提供することで投資家の判断材料としてくれているわけです。

最終的に当期純利益は、株主への配当金と、企業の内部に残す内部留保に回ります。配当性向30％などという企業が多いですが、これは当期純利益の30％を株主へ配当し、残りの70％は内部留保、つまり企業内部に蓄えているということです。

なお、損益計算書を見る際には、簿記を学んだ経験がある人は非常に有利です。私も投資の世界に入る前に簿記を学んでいましたが、売上高から当期純利益に至る用語への「親しみ度」が最初から非常に高かったです。用語と意味自体は概ね知っているため、株式投資の世界に入り財務分析を行うにあたり非常にとっつきやすくなりました。あとは実際のビジネスとのつながりが見えてくると、何がどう関連してくるのかが見えてきます。

逆に簿記をやったことのない人は、財務分析を行う前に1つ1つ言葉の意味をクリアーにしていかなければならないので、どうしても抵抗が大きいでしょうし、理解しているつもりでまだまだ理解が不十分なことに本人が気付かなかったりすることがよくあります。ここは大きな壁になると思います。

残念ながら大多数の個人投資家は会社四季報に書いてある売上、営業利益、経常利益、当期純利益くらいしか見ていないのではないかと思います。もちろんそれでも投資はできるのですが、それだけでは企業の実態を把握できない場面がたびたび出てきますので、まずは最低限、左の表にあげた項目くらいは理解しておきたいものです（最初は順番を丸暗記するくらいの気合で！）。

実際に投資先の企業が行っているビジネスと、決算書の数値が結びつくまでは時間も経験も必要です。企業が行っているビジネスや日々の出来事がどのように決算書に表現されているのか、少しずつ慣れていくといいでしょう。

損益計算書の変化を利用する比較的わかりやすい投資法として、小売・外食企業などの店舗数の増加や既存店売上高（月次）に注目する方法があります。

店舗数の増加に関しては、企業の売上と費用全般が概ね比例的に増加すると考えられます。一方で月次の既存店売上高はより重要です。既存店売上高が増えている場合、すでに存在する店舗の売上が増えていることにな

この企業が…

売上高	200
売上原価	60
売上総利益	140
販売費及び一般管理費	130
営業利益	10

店舗を増やして売上が増加した場合

売上高	220 (+10%)
売上原価	66 (+10%)
売上総利益	154 (+10%)
販売費及び一般管理費	143 (+10%)
営業利益	11 (+10%)

既存店の売上が絶好調で売上が増加した場合

売上高	220 (+10%)
売上原価	66 (+10%)
売上総利益	154 (+10%)
販売費及び一般管理費	130
営業利益	24 (+240%)

もともとと変わらず

より大きな利益増に！

り、売上高と売上原価は増えますが、それ以外の費用（お店の減価償却費、人件費、広告宣伝費など）はそれほど変わらない場合が多いと考えられるためです。

その場合の損益計算書へ与える影響を考えると、売上高と売上原価が増加しますが、販売費及び一般管理費はさほど増えないと考えられるため、売上総利益が増加する分がそのまま営業利益の押し上げ要因になると考えられます。つまり利益率が上がるため、利益への影響が大きいと考えられます。逆に言えば、既存店売上高が減少してしまえば利益率の減少に直結します。

現実の利益にはさまざまな要因が絡んでくるため、ここまで極端な差にはならないかもしれませんが、こういう傾向があるということです。

こうした考え方を自分の中に持っておくと、思わぬ投資機会を発見できることがあります。毎月発表される既存店売上高を追っていれば、業績予想から上ブレしそうか下ブレしそうかくらいはある程度、予想がつくことがあります。月次の情報を入手することで好決算発表に先回りするわけですね。好決算になることが十分に株価に織り込まれていない場合には、大きな株価上昇を手にすることができることでしょう。

減損損失後のV字回復

損益計算書をすべて理解しようとするとたくさんの要素があって非常に大変です。そこで、まずは投資判断に影響を与える重要度が高い部分を押さえておきましょう。この点、重要度が高くて頻出する、**「減損損失」**について理解しておくことは極めて重要だと考えています。

経営状況が悪化すると、巨額の減損損失（特別損失項目）を出す企業が出てきますが、その次の期には大幅な黒字に転換することがよくあります。不思議に思われたことはありませんか？

この現象を理解するには減損損失とは何かを理解することが必要ですが、その前提として減価償却というものを理解する必要があります。

企業は成長するために先行投資を行うということを何度か説明してきました。資金を調達し、調達した資金をお店や工場などを作るのに使うと考えればわかりやすいでしょう。お店や工場は固定資産に計上されますが、使用するにしたがって毎年価値が減少していくと考え、価値の減少分を毎年、損益計算書に計上していきます。

お店や工場を作るために現金は一気に出て行きますが、その全額が1期間の損益計算書の費用に計上されるのではなく、**いったん貸借対照表の固定資産として計上されてから、何年かに分けて損益計算書の費用として配**

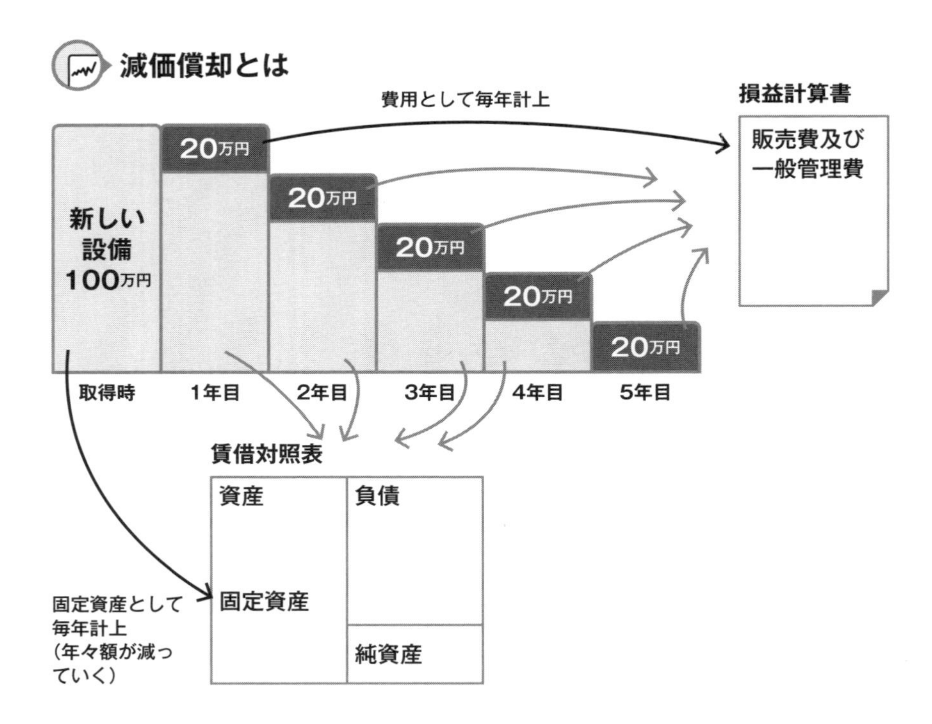

分されていくというのが一連の流れです。これだけ見ても、現金が支出される期間と費用の計上される期間が異なりますね。これが会計を難しい印象にさせている原因だと思いますが、1つずつ理解して行けば徐々に違和感が解消されていくことでしょう。

ここで、お店や工場から生み出される利益が順調に推移している間は、毎年規則的な費用計上を行えばよいのですが、問題はお店や工場が利益を生まなくなってきた時です。お店であればお客さんが減って赤字になったような時、工場であればそこで作られる製品が売れずに赤字になってしまったような場合ですね。

この状態が将来回復する見込みがないと判断された場合は、お店や工場に価値がなくなってしまったと考えられますので、前述の「価値の減少分を毎年損益計算書に計上する」という前提が崩れてしまいます。このような場合は、(たとえば価値がゼロになってしまったと判断するならば) **固**

減損処理とは

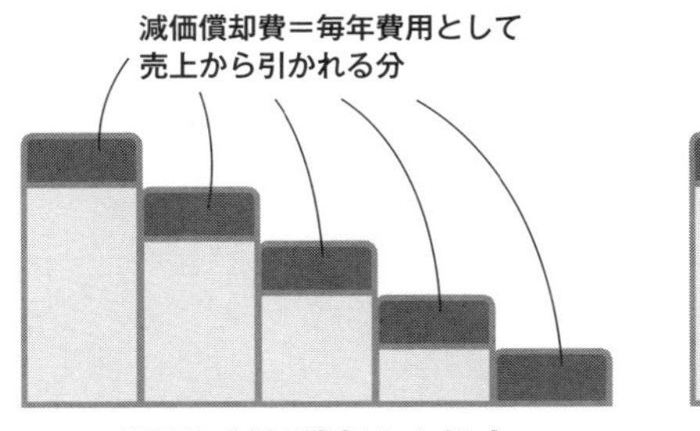

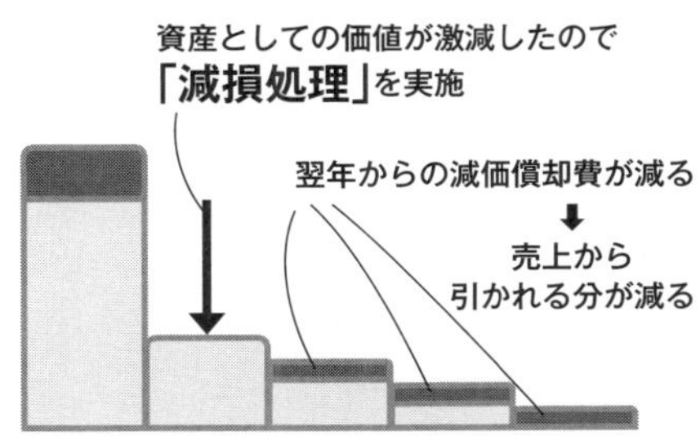

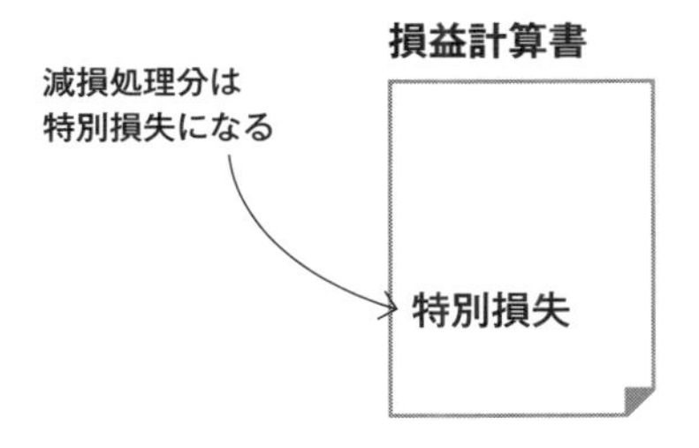

定資産に計上されている金額を一気に損失計上してしまうというルールがあり、これを減損損失といいます。

減損損失が計上されると今まで少しずつ費用に配分されていたものが一気に損失に計上されるため、巨額の損失が生じます。膿出しなどとよく言われますが、資産の腐ってきてしまった部分をズバっと切り落としてしまうイメージで考えるとわかりやすいのではないでしょうか。

そこまでは理解されている方も多いかもしれませんが、問題はその後の期間にどうなるかです。

「減損損失があった場合」と「減損損失がなかった場合」で比較して考えてみるとわかりやすいのですが、**「減損損失があった場合」には、今後減価償却費として費用に配分される金額が今までよりも小さくなります。**そうすると**「減損損失がなかった場合」と比較して営業利益にはプラスの効果がはたらきます。**その結果、大きな減損損失を出した後は黒字が出やすい体質になります。このような一連の流れから、巨額の減損損失を出した翌期からはそれなりの黒字を出せる会社が続出する傾向にあるわけです。

翌期には、

- 減損損失(特別損失)がなくなることで利益が回復する。
- 減価償却費（主に販売費及び一般管理費）が減少することで利益が回復する。

このW効果があるためにV字回復する傾向にあるのです。

減損損失による巨額の赤字を見ると、来年も同じような損失を出したら債務超過になって倒産してしまうなどと恐れる人がいますが、通常であれば膿出しは一気に行われますので、連続して巨額の損失を出すような会社はまれだという傾向を知っておくと、余計な恐怖にとらわれなくて済むのではないでしょうか？

V字回復のからくりを一度理解してしまえば、業績回復により株価が再評価される局面でチャンスを見出せる可能性があるというわけです。逆に、巨額の損失を出した次の期間にも営業赤字を出しているような会社は相当危険な状態にあるとも考えられますね。まれにそういう会社も出てきますので、減損損失を計上した部分以外の本業が順調かどうかを考えるなど、V字回復する根拠があるかを探ることが重要になります。

減損処理をした場合の損益計算書の変化

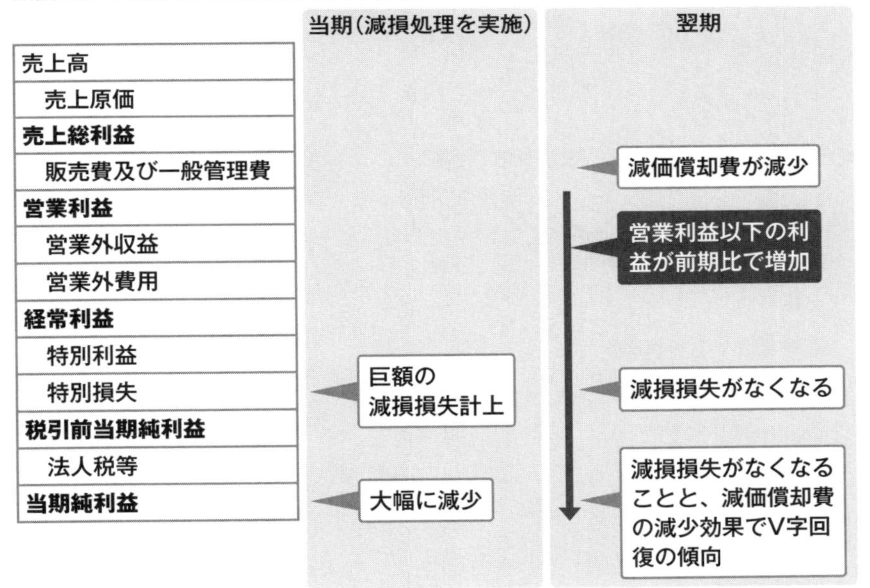

ダイヤモンドダイニングの事例（多額の減損損失計上時に何を見ているか）

私の持ち株における減損損失の事例の1つとしては、2016年1月13日に発表されたダイヤモンドダイニング（3073）の下方修正がありました。主に海外子会社であるシンガポールの店舗の減損損失によって、業績予想が5億円弱の黒字からゼロに下方修正されてしまいました。

翌日の株価は当然急落が予想されるわけですが、はたしてそこで売るのかどうかという判断を迫られます。その判断を下す際に注目した点は、当期はたしかに大幅な下方修正だが、翌期はどうなるのかという点です。

既に見てきたように、大きな減損損失を計上すると来期の業績にはプラスの効果がはたらくことがあります。また、ダイヤモンドダイニングの場合は国内店舗が堅調（月次売上や決算説明資料から確認）であるのに対し、海外店舗が足を引っ張っているという状況がありました。そんな中で最も足を引っ張り営業赤字だったシンガポールのお店から撤退することを決めたのであれば、翌期の業績は大幅に改善することが予想されました。

ダイヤモンドダイニングの損益変化の予想

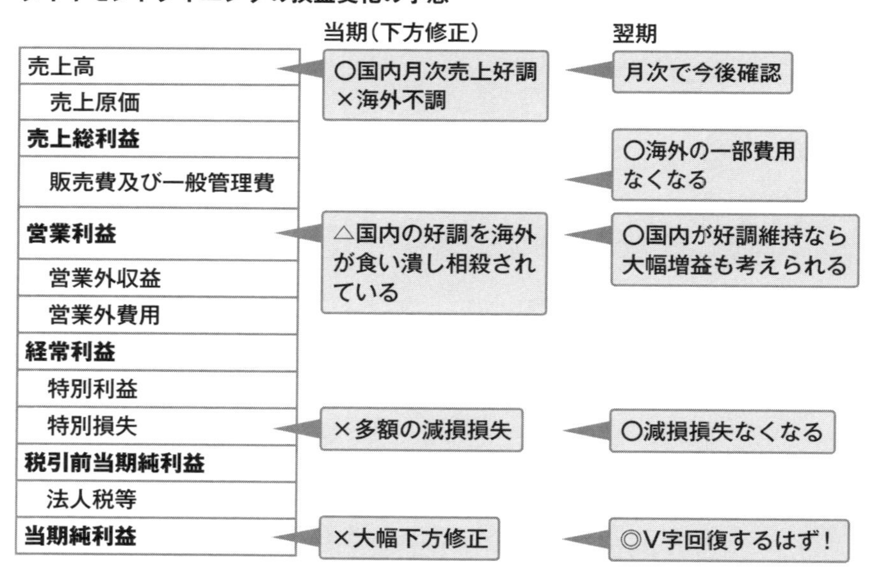

あらためて検討した点は主に次のような情報です。それぞれ損益計算書のどこに影響を与えるかを上の図で示していますが、私は頭の中でこんなことを考えていました。

- シンガポール店舗の営業赤字…当期は営業利益にマイナスの影響を与えているが、翌期は消えるため営業利益は回復するはず。
- 減損損失による特損…当期は純利益に対し大幅にマイナスの影響を与えているが、翌期は消えるため純利益は回復するはず。さらに、翌期の販売費及び一般管理費も減少する効果があるとすれば営業利益にもプラスの効果があるはず。
- 月次売上…国内店舗の既存店売上は安定的に100％超で推移しているため、国内が順調に営業利益を計上しているのは明らか（だからこそ海外の問題が解決するであろう翌期に期待できる）。
- 優待の魅力…優待利回り4％弱。個性的なお店が多く魅力は高い。

以上をふまえて、

ダイヤモンドダイニングは発表済みの中期計画の前提が狂い、成長株としての評価はできないため割安感はあまりない。ただし翌期のV字回復があれば再度割安と評価できる可能性はある。一方、優待利回りが比較的高いため底値は固いかもしれない。

結論：優待目的がメインであれば継続保有に問題なし（翌期の業績回復に期待）。

いろいろな視点を同時に考えながら、悩みながら結論を出しているのを感じていただければと思います。

ダイヤモンドダイニングは、もともと東証1部昇格期待で2014年に買っていた銘柄でしたが、1部昇格実現までのプロセスで株価が大幅に上昇したため、優待目的以外の部分は既に利益確定していました。そのため、優待目的分は特に売る必要もないかなという判断となりました。

下方修正を受けて翌日朝の株価は1228円→1080円と急落したものの、実際に翌期に入ると、業績は改善傾向にあり順調に推移しています。その結果、約1年後には下方修正前の株価を回復し、さらに過去の上場来高値だった1700円台を突破し、執筆時点では何と1900円台に突入しています。優待目的としては十分満足していますし、むしろ株価が下がった時に買い増してもよかったかなという現状です。

予期せぬ出来事が起きた時、びっくりして投げ売りするのではなく、起きてしまったことは仕方ないとあきらめ、何らかの根拠をもって冷静に判断していきたいものです。特に減損損失に関連する知識は、こうした場面でたびたび役に立つと実感しています。また、月次売上や優待にからむ面も同時に考えているのがわかっていただけると思います。

このように、何らかの事象が損益計算書のどこに影響を与えるのかを、

ダイヤモンドダイニングの株価チャート

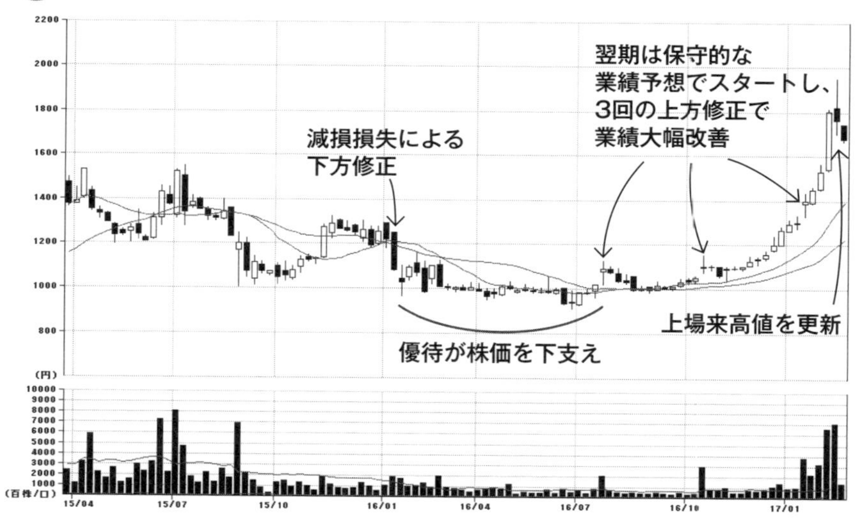

事前に予備知識として押さえておくと、実際に企業から開示があった時にその影響を自分で判断できるようになります。そしてそれが株価へどのような影響を与えるのかを観察することで、知識だけでなく経験が積み上がって行き、さまざまなチャンスを自分で見つけられるようになります。

そうした好循環となる習慣を作ってしまえば、あとは日々市場と向き合っていくだけです。人によって現状足りていないものは知識なのか経験なのか、それぞれ違うと思いますので、自分に何が足りていないのかを認識し、何ができるのかを探し、実際に行動して欲しいと思います。

この本で取り上げたほかにも、繰り返し出てくる事象というのはたくさんあります。成功する可能性を自分で高めることができる人というのは、そうしたものを自分なりに自主的に追求しています。わからないことを少しずつつぶしていくことで、いつのまにか、何もやってこなかった人が手の届かない存在になっていくことでしょう。

少し前のアベノミクス相場が活況だったことで、それなりの資産を構築できた人が出現しました。そんな人たちに対し、アベノミクス相場にたまたま乗れただけでしょという人がいますが、乗れた人はそれまでに準備していた人ということを忘れてはなりません。

投資に限らず、その人の人生においてチャンスの順番はいつ回ってくるかわからないものです。成功している人は、もしかしたら1回や2回しか存在しないかもしれない突然の大チャンスをきっちりモノにしているからこそ、成功しているのではないでしょうか。

何もしていなければ、そもそもそれがチャンスであることにすら気付けず見逃してしまっていることもあるかもしれません。そうならないよう、たとえ今すぐ報われないものだとしても、投資候補を探したり、新しい知識を習得したりすることをあきらめないでいたいものです。

Column

会社は誰のモノ論

前コラムで内部留保を取り上げましたが、そもそも内部留保というのは本来は株主のものであるはずです。損益計算書の構造を理解していればわかるのですが、企業を取り巻くさまざまな利害関係者に全部支払いをして、最後に残ったのが純利益だからです。ですから、内部留保は本来は株主のために使われなければならないはずですよね。

配当や自社株買いをすれば直接的な株主還元になりますし、人材に投資することで企業価値が上がると考えるのであれば賃上げしてもいいわけなので、それを判断して実行するのが経営者の役割ということになります。

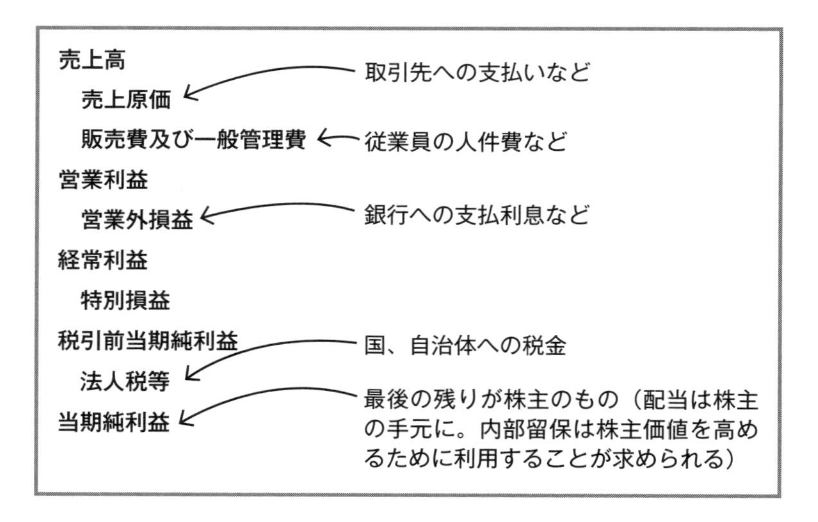

また、そもそも会社は誰のモノなのか？　という議論は昔からあります。株主、社長、従業員、みんなのモノ、社会の公器などとも言われます。けれど、モノという曖昧な言い方ではなく「所有権」と言い換えたらどうでしょう？　会社は誰が所有しているの？　と聞かれれば、「株主」以外の答えはありません。

究極的に会社が株主のモノであるのならば、会社員の人ほど若いうちに実際に株主になってみるべきだと思います。それも短期売買ではなく、年単位で企業を応援するような株主に自分自身がなることで、会社というものがどのように運営されているのか自然に興味を持つようになります。従業員の立場と株主の立場ではどう利害が異なるのかも実感出来ることでしょう。複数の視点から物事を見られる土壌を作ると言う意味では、特に若い人ほど株主になってほしいと思います。若いうちは吸収力がありますし、柔軟に物事を考えられます。

一方、経験を積んだ年輩の方は、資産形成も含め、お金の教育をお子さんなどに日常的にしていってほしいと思います。それには教える側が投資とは何か、ギャンブルとはどう違うのかをしっかり理解していかなければならないでしょうから、誰かに教えることは自分自身のためにもなります。金融教育は非常に遅れていると言われる日本ですので、学校ではなく家庭でお金の教育をしてあげられれば、大人になった時に生きていく力の１つになることでしょう

たとえば選挙になると若者に対して投票に行こうという呼びかけが盛んにありますが、株主総会シーズンに総会に行こうとか議決権を行使しようとかいう呼びかけが、近い将来あってもいいのではないかと思う今日この頃です。

ROEと配当利回りと株価の関係

各種指標の知識を体系化する

株取引を行う個人にはさまざまなレベルの人がいると思います。初心者の段階では有名企業を好んで買ったり、雑誌に取り上げられる銘柄を買ってみたり……。

企業業績に注目する人は、そこから一段階上がると、PER・PBR・ROEなどの指標を重視するようになるようです。

ただし、これらの指標を単独ではなんとなく理解しているものの、指標間のつながりを理解していなかったり、さまざまなニュースがこれらの指標にどう影響を与えるのかを自分で判断できない人も多いかもしれません。

さらにそこからもう1段階上の世界に行くには、自分の中で各指標のつながりを体系化していくことが必要です。個別の知識を実際に投資に生かすには、知識の点と点を結び、意味ある線が見えてこないといけません。それが体系化するということです。

それには、自分で実際の指標をたくさん見て結びつきを考える経験を積むことです。そうした経験が蓄積されることで、今まで気付けなかった投資アイディアが浮かんできます。いろいろ考えていると、線と線を結んでみたら1枚の意味ある絵が浮かんできたかのように、「そういうことだったのか！」と思う日がくるはずです。

各種指標を体系化すると右ページの図のようになります。

最初は、貸借対照表とPBR、損益計算書とPERの関係を押さえるくらいの人が多いと思います。けれど、図にしてみるとつながりが見えてきます。すると、1つ1つの指標がどう関連しており、どう投資に生かせるのかアイディアが浮かんでくると思います。

知識と知識をつなげて体系化する

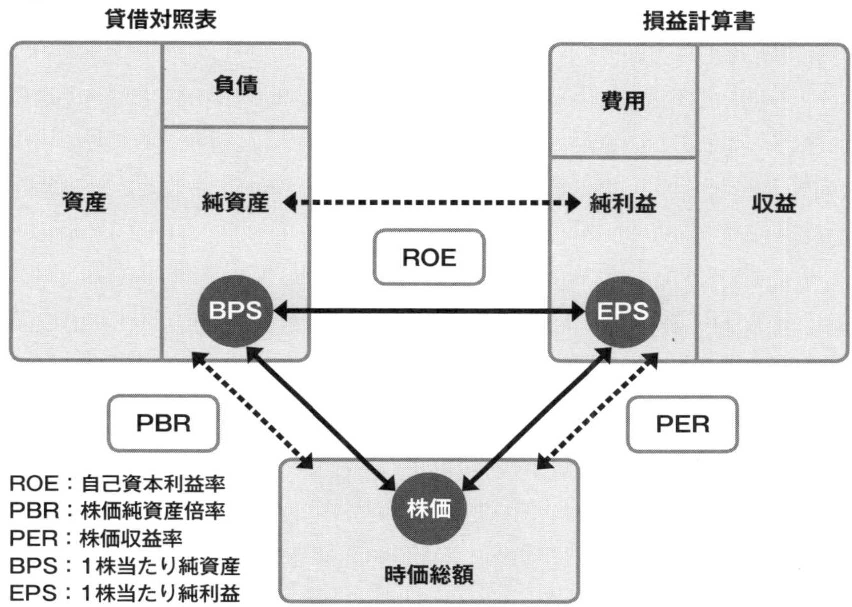

たとえば、純資産が大きな資産株はPBRの面では割安で魅力的になるけどROEが小さくなってしまう。では、ROEを高めるには経営者はどうすればいいのか？　どんな施策がありうるのか？　など個別の知識がどんどん結びついて全体として考えられるようになるわけです。

まずはROEの話から

近年、ROE（自己資本利益率）への注目度が急激に高まってきています。2014年にはJPX日経インデックス400という指数が設定され、3年平均ROEが選定基準の一つになっていました。さらに2015年に策定されたコーポレートガバナンス・コードへの対応として、多くの企業がROEを重視する姿勢を見せており、**最低限ROE8%**を目標に設定している企業が多いようです。このような環境下で個人投資家はROEをどう使うべきなのでしょうか？

個人的な見解としては、今現在のROEでなく、**「将来的にROEが改善して行く兆しのある企業」**に投資するのが有望であると考えています。今現在のROEが高いことをもって投資対象として有望と考えるのは、危険ではないかとも考えています。

ROEは企業が資本をどれだけ効率よく運用できたのかの指標です。ROEの計算式は、

- **ROE＝純利益÷純資産（自己資本）**

　または、

- **ROE＝EPS（1株当たり利益）÷BPS（1株当たり純資産）**

で表されます。**より小さな資本（元手）を使って、より大きな利益を計上することでROEが高まる**ため、企業がどれだけ効率的に稼いだかの指標になります。ROEは、その計算式からわかるように、株主から調達したお金を元手に、株主のためにどれだけ多くの利益を生み出しているかを評価するのにわかりやすい指標なのです。

そして近年話題になっているのは、ROE8％が、投資に値するかどうかの分岐点になると、多くの機関投資家が考えているという報告があったということです。株式会社は、株主から調達した資金を経営者が事業で運用し、利益を出していく仕組みですが、ROE8％を超えていれば、経営者に合格点が与えられるイメージです。

なお、2006年の法改正からROEの計算で使うのは自己資本（純資産－非支配持分－新株予約権等）なのですが、正直細かい話はどうでもいいと

いう方には、自己資本≒純資産なんだと思っていただければいいのではないでしょうか。私も正直この区別はあまり重要視していませんので、以下では純資産を使っていきます。小さな会社では純資産＝自己資本のこともよくあります。

それよりも、きちんと意識して押さえておきたい点は、**ROEの算定式の中に株価がどこにも出てこない**ことです。株価がどんなに上下しようともROEとは関係ありません。
「ROEは株価と切り離されている指標である」これは非常に重要なポイントです。
するとどういうことが起こるのか？　たとえば、「この企業はROEが30％だからすごく有望で株価が上がるに違いない」といった選び方は非常に危険だということです。ROEの高い企業は既に株価も割高な場合も多いため、投資対象としての魅力を検討するうえで、ROEのみを重視すると高値掴みをしてしまいかねません。

そこで、個人投資家としては、「今後ROEを高めるであろう企業」を有望な投資対象としてとらえるといいのではないでしょうか。今現在のROEは低いけれども、将来的に今よりも高くなる可能性があるというのが重要です。具体的には、**「今のROEは8％未満で不合格だが、今後ROE10％超になる」ということが見込め、かつ他の指標で株価も割安な銘柄**を買っておけば、実際にROEが10％超になることが見えてきた頃には株価の上昇が見込めることになります。こうした先回りする視点が常に大事になってきます。

すると、ROEはどうしたら高まるのかをきちんと理解したうえで、どういう企業がROEを高めようとするのかを考えることが必要だということがわかるのではないでしょうか。

ROEはどうしたら高まるのか？

ROE＝純利益÷純資産ですから、まずは分子の純利益を増加させることが必要になります。無配の会社を前提とすると、ROEを毎年維持するには、現状のROEと同じ割合だけ増益を維持する必要があります。

ROE20%を毎年維持するには20%の増益が必要

	期首の純資産	純利益	ROE
1年目	100	20	20%
2年目	120	24	20%
3年目	144	28.8	20%
4年目	172.8	34.56	20%
5年目	207.36	41.472	20%

実際に計算してみるとわかると思いますが、ROE20％を維持するためには毎年20％増益して行くことが必要になります。これは4年程度で純利益が2倍になるペースですから、増益だけで高いROEを維持することは非常に大変なことです。

ROEを高めるもう1つの方法は、分母の純資産を減らす（増やさない）方法です。これには配当を増やす方法と、自社株買いの実施があります。配当の方がわかりやすいため、先ほどの純利益20を毎年100％配当してしまった場合を考えてみましょう。

ROE20%を毎年維持するために配当した場合

	期首の純資産	純利益	配当	ROE
1年目	100	20	20	20%
2年目	100	20	20	20%
3年目	100	20	20	20%
4年目	100	20	20	20%
5年目	100	20	20	20%

この場合だと、純利益が一定でもROEが維持されていますね。このように**配当や自社株買いを増やすことで、意図的に高いROEを作ることができます。**

実際にはこれらの2つ（分子と分母）の変動がミックスされてROEが決まってきますが、個人投資家の観点からは、後者の純資産を減少させる方の視点がより重要と考えます。なぜなら、日本企業には純資産を必要以上に保有しているためにROEが低くなっている会社がたくさんあるためです。

純資産が多いと投資対象の安全性は高まりますが、効率性は低くなります。こうした効率性（ROE）が低い企業を何とか改善するために、近年のROEを高める議論があるのですから、個人投資家も、今後配当や自社株買いで「分母の純資産を減少させてROEを改善する」可能性が高い企業を、有望な投資対象として考えてみる必要があります。

それではどのような企業がこうした施策を行うのか、具体例と共に見て行きましょう。

どのような企業がROEを高めようとするのか？――プロネクサスと宝印刷の事例

具体的な事例としてプロネクサス(7893)と宝印刷(7921)の比較を行ってみます。両社はともに上場企業のディスクロージャー（有価証券報告書や株主通信など）を支援するビジネスを行っており、ライバル関係にあります。シェア1位のプロネクサスと2位の宝印刷でほぼ独占しているようなビジネスです。私が投資対象として検討し始めたのは2013～2014年頃でしたので、簡便的にその直近の指標をまとめてみましょう。

プロネクサスと宝印刷を比べてみる

	プロネクサス(2013年3月期)	宝印刷(2013年5月期)
売上高	180.31億円	126.45億円
経常利益	18.21億円	8.29億円
純利益	11.66億円	4.60億円
売上高経常利益率	10%	7%
自己資本比率	77.8%	79.4%
ROE	6.5%	3.9%
PER	19.7倍	17.9倍
PBR	1倍	0.7倍
1株当たり利益	34円	40円
配当	18円	24円
自社株買い	多額の実績	なし
配当性向	52%	60%
総還元性向	132%	60%

一覧にして比較するとよくわかりますが、業界トップのプロネクサスの方が効率的に稼いでいるようですね。売上高経常利益率やROEが高い点に現れています。そして、プロネクサスの方が株主還元にも積極的です。配当性向は同じくらいですが、自社株買いにかなり積極的で、この期に稼

いだ利益を超える132%を配当+自社株買いで株主に還元しています。

利益率が高く自己資本も減らしている結果として、ROEはプロネクサスの方が高くなっており、宝印刷が何も変化しなければ、今後も同じような傾向が続くのではないかと推測されます。

だとすれば、投資対象としてプロネクサスの方が魅力的という結論になるか? そう考える人もいるかもしれませんが、前述のようにROEは株価水準と関係のない指標です。そこでPERやPBRも見てみると、プロネクサスの方が株価的にもやや割高に評価されているようです。

業界トップで優秀だけど株価はやや割高なプロネクサスと、業界2番手に甘んじるが株価は割安な宝印刷という図式です。「先回りすること」を普段から意識する私としては、宝印刷の方が投資対象として魅力的に映りました。それは宝印刷の方が、「変わる余地」=「株価の上昇余地」が大きいと考えたためです。

両社には安定的な経営環境があり、大きな設備投資がそれほど必要のない業界だと思われるため、余剰資金は今後もどんどんたまっていきそうです。成長率が低い成熟期の会社であればプロネクサスのように株主還元を増やして行くことが、株主が望むことであり上場企業としての務めでもあります。

しかし、現状の宝印刷は配当はそれなりにあるものの、自社株買いを実施しておらず、結果としてROEが低くなっている。上場企業としてあるべき姿とのギャップを感じます。

このような宝印刷の状況から、ROEが重視されつつある環境下では、増配または自社株買いでROEを改善しろという外部圧力がどこかでかかってくるはずだと考えました。プロネクサスという身近なお手本もいるわけですし。

そのため、宝印刷がROEを高めて行こうとするならば、今後どこかで100％株主還元を発表しても不思議ではないと考えていました。具体的には大量の自社株買いや、50円程度の配当をする可能性です。そこで私は2014年の目立たないうちに、静かに可能性に賭けて先回り投資していたのです。

その後どうなったか？

時間はかかりましたが、株主還元が非常に注目されてきた外部環境に後押しされてか、宝印刷は2015年2月にようやく久々の自社株買い（発行済株式の4％とかなり大きな規模）を発表しました。さらに、2015年5月に旧村上ファンド系のファンドが大株主になり、より大株主からの圧力がかかるようになると、2015年7月の本決算で配当を50円に倍増し長期的にROE8％を目指すとする中期計画も公表することとなりました。ROE8％が上場企業の合格ラインとして世の中で認識されつつあった頃ですから、世論と大株主に後押しされる形で動いた印象です。

そうした一連の結果として、当時の私の主力投資先の1つだった宝印刷の株価は2014年から約2倍になりました（52ページのチャートを参照）。実はプロネクサスも優待目的で少しだけ買っていて、2014年から株価＋50％程度と健闘していたものの、やはり宝印刷の方が上昇余地は大きかったことになります。「これからROEを高める」という視点で先回りできる企業を探していたゆえの成果です。

このようにROEと株価は連動していないことから、ROEの数値の大小そのものを投資基準にすることは個人投資家には少々難しいものです。けれど、何らかの形でこれからROEを高めるであろう企業が投資対象として魅力的、という視点を自分の中にきちんと持っていれば、有望な投資対象を発掘できるでしょう。

ROEは経営者の実績を評価するという点ではわかりやすい指標です。ROEを高める方向に企業を改善させた経営者は評価されてしかるべきですし、ROEを低迷させたままの経営者の評価は低くなるものです。そうであれば、ROEが低迷しているうちに投資し、その後、経営者がROEを高める方向に舵を切ってくれれば株主もまた報われることになります。その先回りをしようとしているのですね。

資本効率を考えROEを高める務めが上場企業にあることは本来であれば常識レベルの話だと思います。ですが長らく日本企業にはそういう意識が欠けていた印象です。外部環境の後押しや物言う株主の圧力がないと変化しないというのは、本来であれば経営者として恥ずかしいことと感じますが、それでもようやく変わってくれたことで、株価を大幅上昇させてくれた宝印刷にはひとまず感謝いたします。

そして、周りの会社がやるならウチもやらなければという、日本企業の変な横並び意識が、今後良い方向に行ってくれるのではないかと期待しています。実際に多数の会社が100％株主還元を実施するなどの流れができてきました。近年はどちらかといえば大企業の株主還元増が注目されていましたが、今後は中小の優待株の中にもどんどんこの波が押し寄せてくるのではないでしょうか。100％株主還元まではいかなくても配当性向を高めていく傾向は、多くの企業で見て取れます。そういう意味で、特にROEが低迷しがちな成熟期のキャッシュリッチな企業に、それなりに投資妙味が出てきそうです。

現時点でROEが低迷していたとしても、今後変化する余地がないかを探ってみるのは1つ面白い視点だと思いますよ。

配当利回りで選ぶと失敗する？

配当利回りの高い株式は、一般的には投資家の関心を集めやすいものです。低金利がつづく中で、安定的に高い配当を期待できる企業が人気を集めるのもよくわかります。ただし、個人的な経験からは、配当ばかり重視してしまうと、予想外の減配や株価下落など思わぬ落とし穴にはまることも多いと考えます。

落とし穴の多くは、**「その高配当は何年も持続可能か？」**という点を考える習慣をつけることで避けられるはずです。

配当利回りの高い銘柄群を抽出すると、ある程度共通する特徴が観察されます。

①一時的な好業績により高配当になっている
②株価の下落により高配当になっている
③配当性向が非常に高い

このような企業は減配リスク、そして株価の下落リスクが高いと考えます。

一時的な好業績には、たとえばアベノミクス相場の活況により好業績になり大幅増配した証券会社などがあげられます。これは一時的な特需のようなものですから、その好業績と高配当が何年も続くとは思えません。

また、もともとそれなりの高配当を出していた企業の業績が悪化傾向にあると、株価が下落して行き、結果としてかなりの高配当利回りになることがあります。けれどそのような企業も同水準の配当を何年も維持できなくなるでしょうから、将来の減配が懸念されます。特に減益の結果として配当性向（1株当たり配当金÷1株当たり利益）が意図せず100%を超えているような企業には注意が必要です。

業績は悪くなく安定的だとしても、すでに配当性向の高い会社はそれ以上の増配余地が乏しいと考えることもできます。すると現在よりも株価が上昇する要素はあまりないと言えるかもしれません。

もちろん安定的に利益成長してきた結果として高配当になる企業もあると思いますが、そういった企業の株価は上昇する傾向が強いため、現時点の株価に対する配当利回りはそれほど上がらないことが多いものです。

「未来の高配当株」を意識して投資 ——アビストの事例

配当を意識して投資することは1つの視点としては大切なことですが、上記のように現時点での高配当に釣られてしまうと失敗につながる可能性が高いと思います。そうであれば、現時点の高配当株よりも未来の高配当株を意識して投資した方がうまくいくのではないでしょうか。

未来の高配当株とは、たとえば現時点での配当利回りが2%だとしても数年後に配当が2倍になることで、現時点での買値に対する配当利回りが4%になると期待される株です。

具体的に私が投資したアビスト（6087）の事例で考えてみたいと思います。アビストは自動車の設計開発などを請け負う企業で、トヨタ自動車を主要顧客とする技術者集団です。ここ数年は毎年9月に3年後の売上・利益目標を記載した中期計画を発表しているという特徴があります。

過去のアビストのデータを振り返ってみると、まず私が株を購入した時点と東証1部昇格時点に把握していたデータは以下のようなものでした。

アビストの業績数字

	売上	経常利益	純利益	EPS	配当	株価	配当利回り
購入時 2014年9月期 （予想）	53.85 億円	6.37 億円	3.75 億円	98円	30円	940円	3.2%
昇格時 2015年9月期 （予想）	59.60 億円	7.14 億円	3.94 億円	99円	30円	1600円	1.9%

昇格時にはその時点の指標だけでなく、３年後の目標利益に基づく指標でも検討

3年後の目標利益

<table>
<tr><td rowspan="2">2017年9月期
（中期計画より）</td><td rowspan="2">76.48
億円</td><td rowspan="2">11.10
億円</td><td rowspan="2">6.99
億円</td><td rowspan="2">175円
？</td><td rowspan="2">53円
？</td><td rowspan="2">？</td><td>買値
940円に
対して
5.6%</td></tr>
<tr><td>株価
1600円
に対して
3.3%</td></tr>
</table>

アビストは、もともと大量の水素水がもらえる株主優待＋東証1部昇格目的で買っていた会社でした。私が購入した時点では、株価940円に対し配当30円と、配当利回りは3%以上あり非常に魅力的でした。

その後、幸運にも早期の東証1部昇格を実現してくれたため、まずはその時点で売却するか継続保有するかの選択を迫られました。東証1部昇格効果で株価は1600円台まで上昇し、その時点の配当利回りは2%を割っていました。この時は半分利益確定し、半分は継続保有するという判断をしたのですが、その時に重視したのが「未来の高配当株」としての評価でした。

その時点では、配当利回り2%割れということで高配当とは言えません。

しかし、アビストは上場以来、配当性向30％を掲げて業績に連動した配当を行っている企業でしたので、今後業績が向上すれば配当も増やすだろうと容易に想像できました。

そのため、その時点の株価と業績を比較するだけでなく、将来想定される業績と株価の比較も重要になります。アビストは既に3年後の中期計画数値も発表していました。配当性向30％を今後も維持するのであれば、「3年後の利益の伸び率＝配当の伸び率」とも言い換えることができます。そこで試しに、3年後の推定1株当たり利益から3年後の配当を試算してみると53円となり、その時点の株価1600円に対する配当利回りは3.3％に跳ね上がります。そして私の買値に対する配当利回りは5.6％です。そうであれば、業績の伸びと共に増加するであろう配当を楽しみに（もちろん優待も楽しみに）長期保有することも魅力的と感じたのでした。今の配当ではなく、未来の予想配当を重視して投資判断を行った点が重要です。

そうして、当初の半分の株を長期保有することに決めたアビストですが、ほったらかしにするわけではなく、要所要所では再び売却か継続保有かの検討を行っています。

2015年9月には中期計画が更新されましたのでこの時も検討を行いました。この時は上海市場の株価が急落して世界同時株安になったチャイナショックの直後でしたので、アビストの株価は1500円程度、東証1部昇格の記念配当6円込みで配当利回りは3.1％とまずまず魅力的です。そして、更新された中期計画は3年後にEPS267円、配当80円？　と推定できるものでしたので、未来の高配当株として非常に魅力的でした。その結果として、保有を継続しています。

更新された中期計画でも検討

	売上	経常利益	純利益	EPS	配当	株価	配当利回り
2015年9月期（上方修正後）	62.02億円	9.47億円	5.35億円	134円	40+6円	1500円	3.1%

中期計画の更新により、あらためてその時点の株価と比較

2018年9月期（中期計画）	93.87億円	16.74億円	10.63億円	267円？	80円？	？	買値940円に対して8.2% 株価1500円に対して5.3%

さらに1年後、2016年9月には業績と配当の伸びに連動するように株価は2300円に成長していましたが、再び中期計画が更新されましたので、再度売却か継続保有かの検討を行いました。この時点でも未来の高配当株としてさらに魅力的になりましたので、継続保有という判断に至っています。

さらに更新された中期計画で検討

	売上	経常利益	純利益	EPS	配当	株価	配当利回り
2016年9月期（予想）	71.41億円	11.44億円	6.97億円	175円	52円	2300円	

中期計画の更新により再度その時点の株価と比較

2019年9月期（中期計画）	114.14億円	18.66億円	12.67億円	318円？	95円？	？	買値940円に対して10.1% 株価2300円に対して4.1%

すでに2016年9月の予想配当は52円でしたので、当初の買値940円から見れば6％弱の高配当株に成長しています。そして新たな中期計画通りに配当が95円まで成長するならば、買値に対する配当利回りは10％を超えてきます。これが、未来の高配当株という視点です。今現在10％の配当利回りのある企業などほぼないと思いますが、企業が成長することによって可能になる場合があるわけです。それに加えて通常であればアビストのように株価の上昇も伴っているので、企業の成長とともに配当と株価の両面で株主が恩恵を受けられる、理想的な展開になっていきます。

もちろん業績が中期計画通りに伸びるかどうかは不確実な訳ですが、そのリスクを取るのが投資家の仕事です。直近の業績が順調かどうかは決算書や決算説明資料を読めばある程度わかります。アビストの場合は新入社員を多く採用していることや、それでも稼働率が非常に高かったので、当面は業績が失速することはなさそうということを考えていました。

いろいろと調べることで自分自身でリスクをある程度軽減することは可能です。不確実なことを嫌って目先の高配当ばかりに飛び付いていると、逆にリスクを高めてしまいかねないのではないでしょうか。未来の高配当株という視点を身につけると、目先に左右される癖から脱却できるきっかけになるかもしれません。

REITはどうなのか？

高配当に関連するものとしては、REIT（不動産投資信託）の分配金もよく比較対象になります。たしかに株式と比較して利回りが高いのがREITの特徴ですが、それには理由があります。REITは稼いだ利益のほぼ100％を分配金に回しているためです。そうすることで税金が軽減される制度設計がなされているためなのですが、裏を返せば、利益をほぼすべて分配金に回してしまうため、内部留保ができないということを理解しておかなければなりません。
内部留保ができないということは、成長のための資金が確保できないことを意味します。したがって、新規に物件を取得して利益を成長させるには増資（＋借入）を行うしかありません。増資を行えば投資信託1口当たりの利益が低下し、分配金の伸びが抑えられますので、将来にわたり大きな分配金の伸びはあまり期待できないのではないかと疑問符がつくのもREITの特徴です。

株式で言う配当性向が極めて高く、今後の伸びがさほど期待できないから高利回りになっているのだとすれば、利回り目的でREITというのも、目先の高配当株に投資するのと類似していると言えるかもしれません。もちろん分配金が主目的ではなく、不動産への分散投資として考えるのであれば良い投資先もあると思います。

連続増配企業にさほど投資妙味はない？

配当に関してよく話題となるのは○○年連続増配をしてきた企業です。企業自身も連続増配記録にこだわっている様子がうかがわれ、雑誌の特集時などでも称賛される傾向があるのですが、（現時点の）投資対象としてそんなに魅力的かな？　と疑問に思うことが多いです。ありがちなのは、もともとの配当性向が10％程度などすごく低い企業が、ほんの少しずつ増配して行き、連続増配になっているケースです。はたしてそうした連続増配に意味があるのでしょうか？
目標となる配当性向があるのであれば、一気にそこまで増配してくれた方が、企業の資本政策としても株主側としても望ましいと思うのですが、予想外に業績が悪化した時の減配を日本企業は極端に嫌っているのかもしれません。

私の持ち株の中では、前述した宝印刷は当初は安定配当でしたが、ROEの改善を目的としてか、一気の増配に踏み切りました。同様にROEを中期計画の目標の1つにしたポーラ・オルビスホールディングス(4927)も大きく増配しています。第一興商（7458）は株価が低い時期は自社株買いを優先し、株価が高くなると増配で株主に報いています。このように配当政策に明確な意思が見える企業を好ましく思います。

一方で、連続増配企業として取り上げられることが多いものの、やや疑問がある企業としては優待改悪の所でも取り上げた明光ネットワークジャパン（4668）でした。

明光ネットは個人指導塾を直営、およびフランチャイズで運営している企業で、利益率が高いのが特徴です。近年の塾業界は集団で大教室において授業を受ける形態から、個別に指導するニーズが高まってきたことを受け業績を伸ばしてきました。

配当も連続増配を続けてきた訳ですが、2014年ごろから成長の限界が見え始めたと感じました。売上も利益も目標を達成できなかったりすることもあり、ほぼ業績が横ばいになってきました。そんな企業の成熟段階では、配当性向を高めることで株主に報いてほしいところです。明光ネットは前述の優待改悪時に配当性向70％を目標とすることを表明しており、それは実態にあった方針だと思います。けれど、連続増配にこだわりがあるようで実際の増配幅はわずかにとどまっています。連続増配にこだわらず、一気に増配して安定配当を続ける方がよいのではないかと感じますね。

明光ネットはその後、給与の未払い問題が発生するなど、一転して業績悪化にも見舞われており、どうにもちぐはぐな印象が拭い切れません。

企業によって株主還元方針についてはさまざまなものがありますが、私個人が1つの理想的な方針と考えているのがGMOインターネット(9449)の株主還元方針です。GMOインターネットは、総還元性向を50%として、配当性向を33%以上、残りの約17%を次年度の自社株買いに充てるとしています。

このような方針にしておくことで、仮に業績予想より利益が多少下ぶれしたとしても配当予想を変更しなくても済む（自社株買い分が減少してクッションとなる）メリットがありますし、株主としてもこの会社は（株価がよっぽど高くない限り）、必ず自社株買いをしてくれる会社なんだという理解ができます。そして残りの50%は内部留保として今後の成長に使うという方針も明確です。

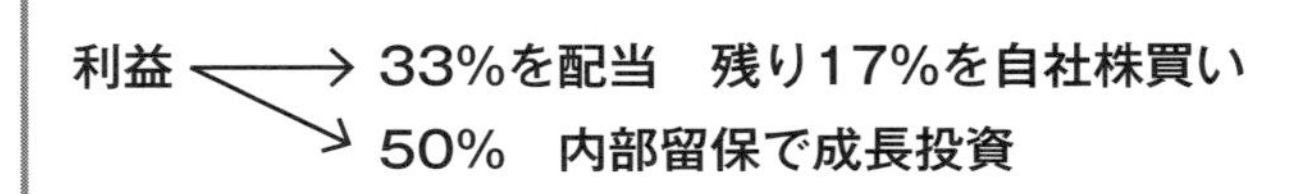

株主還元の方針は、多様性があって当たり前だと思うので、横並びにするのではなく、ぜひ堂々と株主に対して自社の方針を説明して欲しいものです。企業によって100%以上還元する会社もあっていいですし、無配を貫くのもまた1つの方針だと思います。

上場企業は成長して大きくなっていくものという前提があります。大きくなるには先行投資に資金を使わなければなりません。そのため企業としては稼いだ利益を配当に回すのか、将来のために投資するのかの配分を常に考えなければなりません。どの程度の配当性向が今の企業に適しているのかは、企業自身が一番よくわかっていると思います。

投資する側からすれば、配当は多ければ多いほうがいいものだと考えてしまいがちです。ですが、株主側としても、この企業はどの程度の配当性向が適しているのか考えてみる必要がありそうです。その際に役に立つのが前述した企業のライフサイクルという考え方です。

個人的に、配当性向に関する大まかな理想のイメージは下の図のようなパターンです。基本的な考え方は、有望な事業に投資する機会があるならば、配当ではなく事業に積極的に先行投資して、利益を増やしてほしいということです。逆にさほど先行投資を必要とせず余剰資金が貯まっていく段階では、配当性向を高めていくべきと考えています。

ぜひ企業には自社の配当政策をどのようにして決定しているのかをしっかり説明していただきたいところです。

企業のライフサイクルと配当のイメージ

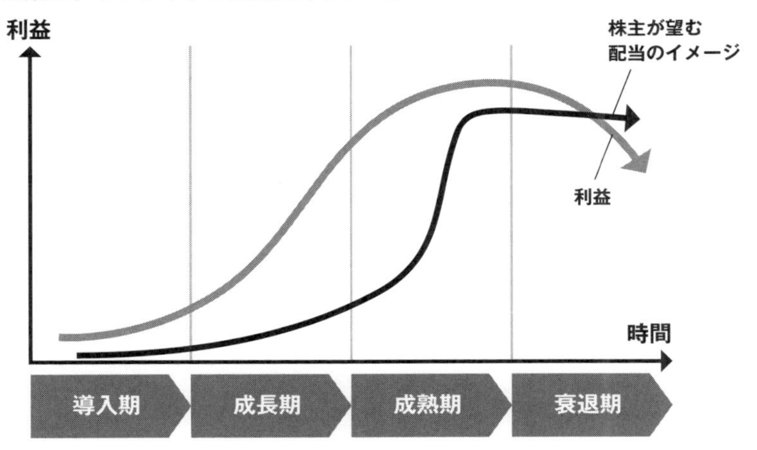

- **導入期は配当よりも利益成長重視**
- **成長期から徐々に配当を上げていく**
- **成熟段階では一気に配当性向を引き上げる**
- **衰退期では安定好配当**

・導入期

成長のための資金需要が強いことから、配当を抑え将来の利益を増やすための先行投資にどんどん資金を振り向け、売上と利益を増やしていくことが重要になります。先行投資に資金を使う時期であり、配当を出しても配当性向10%程度など低いことが多いです。

・成長期

成長のための先行投資に資金需要が強い一方で、利益も大きく増加するため、増配幅は増えていきます。配当性向はまだまだ上がらず10～20%程度でしょうか。

・成熟期

利益が最大になる一方で先行投資の資金需要が減りますので、資金に余裕が生まれ、今度は配当を増やすことで株主に報いることが重要になります。借入金を返済しつつ、配当性向は30%を超えてくるような段階です(本来は50%超でもいいのかもしれません)。

・衰退期

利益が減益でも資金に余裕があるため、配当性向を50%～100%などに高めても十分やっていけます。本来であれば成熟期から衰退期あたりで初めて安定配当が望まれます。

Column

「○○関連銘柄」って、どこまで"関連"しているの？

株式市場においては日々さまざまなテーマで関連銘柄が物色されています。その時々で話題になるテーマ株は、短期間で数倍になったり（逆にお祭り騒ぎが終われば数分の1になったり）非常に激しい値動きをするので、こうした銘柄を狙うのが好きな人も多いようです。

私は、そうした取引は、投資というよりは投機に近いものと考えます。短期トレーダーであればこうした銘柄に積極的に取り組むのもいいと思いますが、企業の業績をベースに中長期で投資を行っている場合は、こうした銘柄群とは距離を置いた方がよいでしょう。

ただ、面白いことに私の経験上は、以前から保有していた銘柄が突然○○関連銘柄として物色されることがたびたびあります。数年かけて10%しか上がっていなかったような銘柄が、突然2倍になってしまったりするわけです。そうしたタイミングは絶好の利益確定のチャンスになります。

株価が動き出してから物色した方が効率がいいと思われる気持ちもわかるのですが、短期的な値動きで大きな利益をあげようとすると、逆に大損する可能性も高めてしまうと思います。リスクとリターンは概ね裏表の関係です。そこはあくまで自分の性格や市場と向き合いながら、自分に合った手法で株式投資に取り組むのがよいのではないでしょうか。あちらこちらで良い所だけつまみ食いしようとしても、案外うまくいかないものです。

投資家的観点からすると、「○○関連と言われているけれども、それではその○○は、企業の利益に今後何%貢献するの？」という疑問を持つ習慣をつけてみるとよいと思います。

最近の1つの事例としては、2016年7月のポケモンGO関連銘柄の物色でしょうか。

ポケモンGOが世界中でブームを引き起こすと、任天堂の株価が2倍になり、関連銘柄にも一斉に物色が始まりました。

物色された銘柄の1つにハピネット（7552）がありました。優待銘柄としても比較的人気の企業です。ハピネットはゲームの卸しをしている企業ですので、ポケモンGOに関連するゲームを取り扱うことで業績が向上するという期待があったようです。しかし、実際にハピネットがその商品を扱ったとしてどれくらいの売上・利益貢献をするのでしょうか？　そしてそれは単年度のブームではなく継続性のあるものなのでしょうか？

実はその数年前にも妖怪ウォッチ関連銘柄として、ハピネットが物色されたことを覚えていました。たしかに業績は向上しましたが、ブームが落ち着くと業績も株価も元に戻ってしまった現実があります。

そうであれば、ハピネットを以前から優待目的で持っていた人にとっては、ポケモンGO関連としての暴騰は絶好の利益確定売りのチャンスになります。自分の持ち株が幸運にも○○関連銘柄としてもてはやされた場合、

ハピネットの株価チャート

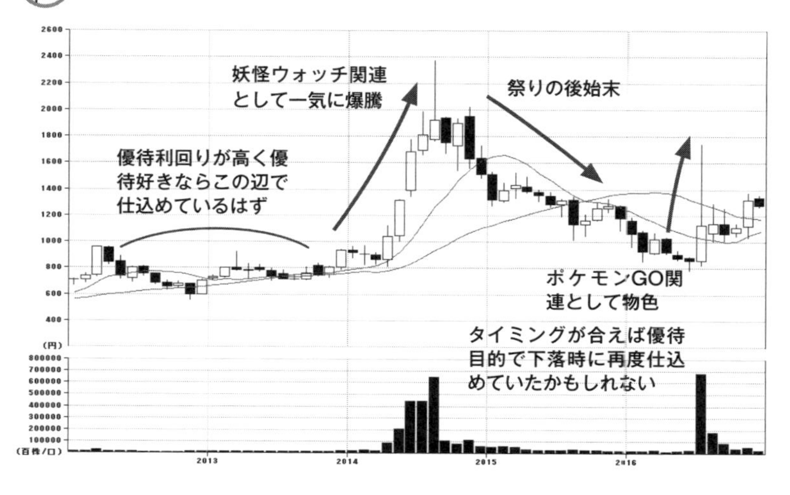

会社への将来の利益貢献を考えつつ冷静になり、熱狂している人たちに静かに売ってあげるのがよいのではないでしょうか。

私自身は、妖怪ウォッチ関連として物色された時は、それまで持っていたハピネットを高値（株価約2倍）で売ることができました。その後、買戻しの機会を探っていた途中でポケモンGO関連として暴騰してしまったので、この時は自分だったらこの辺りで売ってしまうかなとシミュレーションしていただけなのですが、比較的短期に株価は元に戻ってしまいましたね。

資本政策のまとめ
これが全パターン

自己株式関連の5つのパターン

この章では、企業の資本政策に関連する部分をまとめて見て行きたいと思います。資本政策とはたとえば、自己株式関連の取引や、立会外分売・売出・増資などです。これらは前著『昇格期待の優待バリュー株で1億稼ぐ！』に記載の通り、東証1部への昇格サインにもなっていますので、しっかりとその本質を理解したいところです。

ただ、このような資本政策の開示がなされた時の各種ブログや掲示板の書き込みなどを見ていると、企業にどのような影響があるのか、なんとなくの理解にとどまっている人が多い印象です。そこで、本書ではこれらをまとめることで、これらの開示が誰にどのような影響を与えるのか解説してみたいと思います。それにより、開示が出た瞬間に企業の意図と、株価にプラスなのかマイナスなのかが理解できるようになるはずです。

まずは自己株式関連ですが、主に右ページの表のように①～⑤までの5つの取引があります。それにより何が変化するかの視点としては、表の縦軸のA ~ Cの3つがあります。

これらは典型的なもので、頻繁に登場する開示なので、開示が出た瞬間に企業の財務その他にどのような影響を与えるかを一瞬で読み取らなければなりません。そうした本質を理解しておくことで、実際の株価にどのような影響を与えるのかの観察に集中することができます。本書ではその入り口として体系化することを目指しますが、本書を使用して理解するだけでは足りず、日々の適時開示でたくさんの開示に触れることで、体で理解できる（反射的に何が変化するのかが思い浮かぶ）レベルにまで、トレーニングすることが重要です。

自己株式関連の影響のまとめ

	A 企業が保有する現金に対して	B 企業のEPS（株主価値）に対して	C 市場の需給（株価）に対して
①自己株式の取得	マイナス	プラス	プラス
②自己株式の処分（売出）	プラス	マイナス	マイナス
③自己株式の消却	変化なし	変化なし	変化なし ※将来②が発生するリスクが消えるため実質プラス
④立会外取引による自己株式の取得（自己株式のTOBを含む）	マイナス	プラス	変化なし
⑤第三者割当による自己株式の処分	プラス	マイナス	変化なし

自己株式関連の施策の場合は、株式を取得するのも放出するのも企業自身であるため、影響を与える関係者が限られているのが特徴です。まず上表を見ると、「A 企業が保有する現金」に影響を与えます。**現金が出て行く（マイナスになる）場合と入ってくる（プラスになる）場合があります。**

次にBですが、自己株式の増減は1株当たり利益（EPS）の計算に影響を与えるため、結果として**株主価値（理論株価と言ってもいい）に対して影響を与えます。**

さらにCとして、自己株式を取得する対象が、市場に流通している株式を対象にしているのか、大株主の株式を対象にしているかで、**市場の需給に影響を与える度合いが異なります。**

まずは表の①～③の場合の理屈をしっかり理解したうえで、応用として④と⑤の場合も見て行きましょう。

①自己株式の取得を行った場合

まずは一般的に自社株買いと言われる「自己株式の取得」についてです。自社株買いが発表されると、株主還元なので株価が上がる、というくらいは理解されている方が多いかと思いますが、なぜそのように言えるのか、そして企業の財務にどのような影響があるのかをより詳しく見て行きましょう。

まず大前提として思い出しておきたいのは、「株価＝1株当たり利益×PER」という式です。ここではPERを一定として、1株当たり利益に注目します。1株当たり利益が上昇すれば株価が上昇する関係にあることがわかりますね。

それでは1株当たり利益の計算式はご存知でしょうか？

1株当たり利益＝当期純利益÷期中平均株式数
期中平均株式数＝期中平均発行済株式数－期中平均自己株式数

ここまで普段から意識している人は少ないかもしれませんが、このような式になります。ぜひご自身で、具体的にいろいろ数字を入れて考えてみてほしいのですが、**自己株式が増加すると、期中平均株式数が減少し、その結果として1株当たり利益が増加する**という関係にあります。

自己株式関連の取引は、期中平均株式数がどう増減するかがポイントです。ここでイメージしやすいように、

- 発行済株式数 100 万株
- 自己株式を保有していない

このような会社の期中平均株式数を図示してみると以下のようになります。

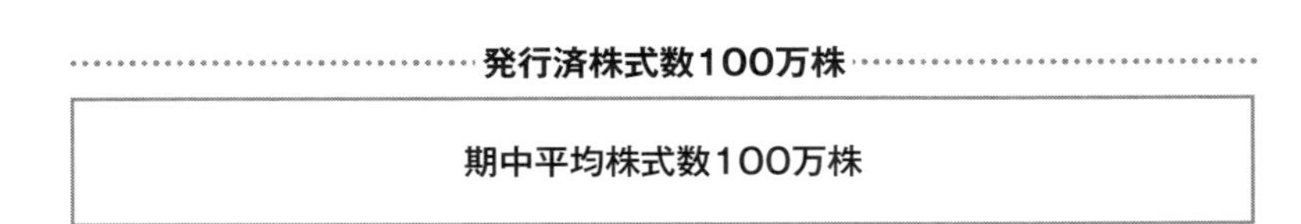

期中に何も変化がなければ、発行済株式数と期中平均株式数は一致しています。

では、上記の会社が期首に20万株の自己株式の取得を実施すると？

以下のように変化します。

発行済株式数100万株

期中平均株式数80万株	自社株 20万株

自己株式の取得を行うと、企業が保有する現金で市場から自社株を買うことになります。したがって、企業が保有する現金はマイナスになりますが、上記のように期中平均株式数が減少する結果として1株当たり利益にプラスの効果があります。また、市場から自社株を買うために需給面でもプラスの効果があります。これらを総合して、プラスの効果が強いために株価が上昇するというわけです（この他にも、自社のことを一番知っている経営陣が自社株を買うという決断をしたのだから、経営陣は自社株の株価を割安と判断しているということが間接的にアナウンスされる効果がある、というのも教科書的にはよく登場するお話です)。

以上をまとめると表のようになるわけです。すべての基本になりますので、暗記するのではなく「理解」することが大切ですよ。

	A 企業が保有する現金に対して	B 企業のEPS（株主価値）に対して	C 市場の需給（株価）に対して
①自己株式の取得	マイナス	プラス	プラス

自己株式の取得の開示があったら、この3点が一瞬で思い浮かぶことが重要となります。

②自己株式の処分（売出）を行った場合

①さえしっかり理解できていれば、あとはそれを逆にしたりと応用させるだけです。今度は上記の①を行った状態からスタートしますが、企業は一般株主に自社株を売り出す場合があります。これが自己株式の処分です。

発行済株式数100万株

期中平均株式数80万株

自社株
20万株

上記①の状態から自社株10万株の処分を期初に行った場合は、以下のように変化します。

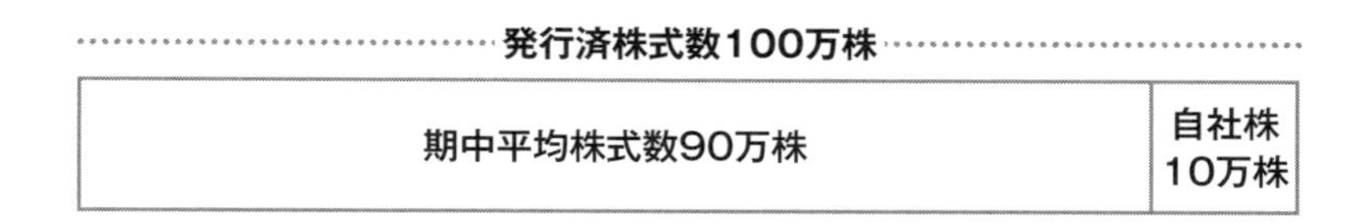

自己株式の処分は、①と正反対の取引になりますね。それゆえに、影響も①と正反対になります。自己株式の処分を行うと、企業が保有する自己株式を手放す対価として、現金が企業に入ります。したがって、企業が保有する現金はプラスになりますが、上記のように期中平均株式数が増加する結果として1株当たり利益にマイナスの効果があります。

また、市場に自社株を放出するために、需給面でもマイナスの効果があります。これらを総合して、マイナスの効果が強いために株価が下落することが多いというわけです。

ただし、経営者も無意味に自社株の処分を行うわけではありません。たとえば、東証1部昇格などのプラス材料とセットで、自社株の処分を行うことがあります。そうすることで、マイナスの効果とプラス材料が相殺されて株価が逆に上昇したりすることもあるわけです。合わせ技で総合的に考えることも重要になります。

以上をまとめるとこのようになります。**①と正反対ですので①とセットで理解することが重要です。**

	A 企業が保有する現金に対して	B 企業のEPS（株主価値）に対して	C 市場の需給（株価）に対して
②自己株式の処分（売出）	プラス	マイナス	マイナス

③自己株式を消却した場合

上記の①を行った状態から、企業は自社株を消却する場合があります。消却というのは株そのものを消滅させてしまう取引と考えればよいでしょう。

発行済株式数100万株

期中平均株式数80万株	自社株20万株

この状態から20万株の消却を期初に行った場合は、以下のように変化します。

発行済株式数80万株

期中平均株式数80万株

自社株の消却は、①とも②とも似つかない取引になりますね。それゆえに、影響も①②とは異なります。まず企業が保有する現金はどこにも動きませんから、企業の現金には影響を与えません。

1株当たり利益に与える影響はどうでしょうか？　1株当たり利益の計算方法は以下の通りでした。

- 1株当たり利益＝当期純利益÷期中平均株式数
- 期中平均株式数＝期中平均発行済株式数－期中平均自己株式数

自社株の消却では期中平均株式数は変化しませんので、1株当たり利益にも影響を与えません。

では、どのような影響があるか？

①の自己株式の取得を行うと株主にはプラスの影響がありますが、同時に将来、②の自己株式の処分が行われる潜在的な可能性というリスクを抱えることになります。自社株を保有したままの企業の場合は、将来自社株が市場に放出される可能性があるわけです。しかし、自社株を消却してしまうことで、②が行われるリスクを消滅させることができます。したがって、③は「将来の潜在的なリスクがなくなる」ことを市場が好感する結果として株価が上がる傾向があるという結論になります。

以上をまとめるとこのようになります。

	A 企業が保有する現金に対して	B 企業のEPS（株主価値）に対して	C 市場の需給（株価）に対して
③自己株式の消却	変化なし	変化なし	変化なし ※将来②が発生するリスクが消えるため実質プラス

通常はここまで押さえれば十分なのですが、現実には以下の④と⑤に関する開示もたびたび目にします。①②と違うのはたった1点だけなので、そこを理解しておけば大丈夫です。

④立会外取引による自己株式の取得（自己株式のTOBを含む）の場合

④は①とほとんど同じ取引です。図示してみると以下のようになります。

発行済株式数100万株

期中平均株式数100万株

上記の会社が期首に20万株の自己株式の取得（立会外取引またはTOB）を実施すると、以下のように変化します。

発行済株式数100万株

期中平均株式数80万株	自社株 20万株

効果は①の時と基本的に同じです。ただし、立会外取引というのは市場で売買するのではなく、市場外で特定の大株主から固定価格で自社株を買う取引になります。そのため、「市場の需給面ではプラスの効果がないこと」が特徴です。したがって、**基本的に株価にはプラスの材料ですが、①よりはプラスの効果が劣る**ということになります。

④は、需給面での直接的な改善がないためか、意外と過小評価されることが多い材料ではないかと思います。取得する自己株式の規模にもよりますが、今後のEPSが改善することがわかっている訳ですから、長い目で見れば買いの材料となり、長期目線の人にとっては絶好の買いチャンスが訪れるかもしれませんね。

⑤第三者割当による自己株式の処分

⑤は②とほとんど同じ取引です。図示してみると以下のようになります。

上記の①を行った状態から、企業は「特定の第三者」に自社株を売却する場合があります。

発行済株式数100万株

期中平均株式数80万株	自社株 20万株

ここから第三者に対し10万株の処分を期初に行った場合は、以下のように変化します。

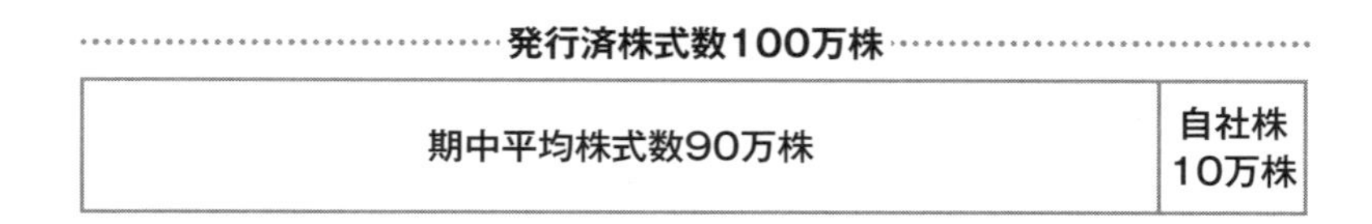

自社株の処分は①と正反対の取引になりますね。それゆえに、影響も①と正反対になります。ただし、⑤の場合は、市場に自社株を放出するのではなく、第三者に対してすべて売却するために、「市場の需給面ではマイナスの効果がないこと」が特徴です。したがって、**基本的に②同様に株価にはマイナスの材料ですが、②よりはマイナスの効果が小さい**ということになります。

さらに、**この取引は業務提携などとセットで発表されることが多く、業**

務提携面でのプラスの効果が大きければ差し引きプラスで株価が上がるということもよくあります。自社株が減少することで短期的にEPSにはマイナスになりますが、提携効果で今後EPSの改善が見込めるというのであれば、総合してプラスなのかもしれないということです。自社株の売却先である第三者とどのような関係を今後築いて行くかに注目すべき材料ということになります。

以上が自己株式関連の取引にまつわるお話でした。一度きちんと整理してまとめておくと、実際に自己株式関連の開示が出た時に、それがプラス材料なのかマイナス材料なのか、プラスとマイナスの組み合わせなのかがわかるようになると思います。そして、株価がどのように反応するかを見る経験を積むことで、投資家側の心理もわかるようになってくると思います。

増資関連の2つのパターン

	A 企業が保有する現金に対して	B 企業のEPS（株主価値）に対して	C 市場の需給（株価）に対して
⑥公募増資	プラス	マイナス	マイナス
⑦第三者割当増資	プラス	マイナス	影響なし

続いては増資関連の取引になりますが、自己株式についてを理解できていればその応用ですのでわかりやすいと思います。増資は企業が新たに株を発行するため希薄化が起こり、株価が下がる材料であるというくらいは理解している方が多いかと思います。ただし、誰にどのような影響があるのかを整理して理解しておけば、見えてくる世界も違うのではないでしょうか？　一概に増資＝売りというわけでもないことが見えてくると思いま

す。

⑥公募増資を行った場合

再びイメージしやすいように、発行済株式数100万株の会社を図示してみると以下のようになります。

発行済株式数100万株
期中平均株式数100万株

上記の会社が期首に20万株の公募増資を実施すると、以下のように変化します。

発行済株式数120万株
期中平均株式数120万株

企業が公募増資を実施すると、上記のように期中平均株式数が増加してしまいます。その結果として1株当たり利益が減少してしまいます（希薄化します）ので、この影響が強く株価が下がる傾向にあります。また、一般株主に割り当てる公募増資の場合には、たくさんの新株が市場に流通するわけですから、市場の需給が悪化するために、その点も株価にとってはマイナスです。

一方で、公募増資を実施すると企業に現金が入る点はプラス面です。企業は増資で手に入れた資金を事業に投資し、希薄化率以上に利益を増加させることでEPSを回復させ、株主に報いなければならない責任があることは想像できるのではないでしょうか。

再度まとめると以下のような影響となります。

	A 企業が保有する現金に対して	B 企業のEPS（株主価値）に対して	C 市場の需給（株価）に対して
⑥公募増資	プラス←将来のEPS増加へつなげたい	マイナス	マイナス

公募増資を大きな成長につなげた優待株の好事例としては、164ページでも解説する2013年の常和ホールディングス（現ユニゾホールディングス）（3258）がありました。当時は20％以上株数を増やす（希薄化する）増資であったため、発表直後の株価は急落しました。しかし、そこで手にした資金を元手に積極的な投資を行い、利益を倍増させた結果、株価も数年後には3倍以上になっています。

このように、公募増資が発表された場合、発表直後には株価が下落する可能性が高いのですが、その資金を使って企業が大きく利益成長できると判断するのであれば買いという場合もあるということですね。

当時の常和ホールディングスの場合は、どのように利益成長を目指すのかの中期計画も発表済みだったため、比較的利益成長の道筋がわかりやすい状況だったと記憶しています。

なお、増資の本来の趣旨は上記のように将来の利益貢献につなげることであり、たとえば数年前の大企業に見られたような、大赤字を出して資金繰りが苦しくなったから増資するというのは既存株主からすれば最悪の資本政策だと考えます。

⑦第三者割当増資を行った場合

次は、一般株主ではなく、特定の第三者に対し新株を発行する第三者割当増資です。図示してみると⑥と同様に以下のようになります。

発行済株式数100万株

期中平均株式数100万株

上記の会社が期首に20万株の第三者割当増資を実施すると、以下のように変化します。

発行済株式数120万株

期中平均株式数120万株

企業が第三者割当増資を実施すると、上記のように期中平均株式数が増加してしまいます。その結果として1株当たり利益が減少してしまいます（希薄化します）ので、この点では株価を下げる材料になります。ここまでは⑥と同じです。

一方で、一般株主ではなく大株主となる第三者にのみ新株を割り当てるため、その新株は市場に出てきません。市場の需給が悪化しないために、その点は株価にとっては中立です。したがって、**⑥より⑦の方がマイナス要素が小さい**ことになります。

さらに、通常は新たに大株主になる第三者と業務提携等を行うなどのプラス材料と一緒に発表されることが多いため、希薄化のマイナスを打ち消して株価が上がることも多くあります。もちろん、第三者割当増資を実施すると企業に現金が入る点はプラス面です。企業は増資で手に入れた資金を事業に投資し、希薄化率以上に利益を増加させることで株主に報いなければならない責任があることは⑥と同じです。以上のような視点で総合的に考えることが重要ということですね。

	A 企業が保有する現金に対して	B 企業のEPS（株主価値）に対して	C 市場の需給（株価）に対して
⑦第三者割当増資	プラス←将来のEPS増加へつなげたい	マイナス	影響なし

⑧株式分割

	A 企業が保有する現金に対して	B 企業のEPS（株主価値）に対して	C 市場の需給（株価）に対して
⑧株式分割	影響なし	実質影響なし	プラス

せっかくなので昇格サインの1つである株式分割についても、今までと同様の視点で影響を考えてみましょう。再びイメージしやすいように、発行済株式数100万株の会社を図示してみると以下のようになります。

発行済株式数100万株

期中平均株式数100万株

上記の会社が期首に株式2分割を実施すると、以下のように変化します。

発行済株式数200万株

期中平均株式数200万株

株式分割の場合は期中平均株式数が増加するため、1株当たり利益は減少します。2分割であれば株数が2倍になり、1株当たり利益は半分になります。理論株価は半値になりますが、株主の株数が2倍に増加しますので、実質的な価値には変化がないという結果になります。

一方で、株価が半値になり、今までより少ない金額で株を買えるということは、新たに取引したいという人が一般的に増えますから、市場の需給的にはかなりのプラスの効果があります。そのため、分割は需給面でのプラスを大きく評価して株価が上がる効果があるわけです。

株式分割により企業の価値が変わるわけではないので、分割発表だけで飛び付き買いをする合理的理由はありません。むしろ絶好の売り時になる場面が多い印象です。ただし、優待拡充などがからんでくると、また別のプラス面が大きくなるので、これも他の材料と合わせて総合的に考えることが重要という訳です。

⑨立会外分売　⑩売出

株式分割が出てきたので、東証1部昇格のための昇格サインとなる立会外分売と売出にも触れておきましょう。放出する株の規模の小さなものが立会外分売、規模の大きなものが売出です。これら2つは事務手続きが異なるだけで、**基本的には大株主が広く個人投資家に持ち株を売却する**と考えれば問題ないでしょう。

	A 企業が保有する現金に対して	B 企業のEPS（株主価値）に対して	C 市場の需給（株価）に対して
⑨立会外分売	影響なし	影響なし	マイナス
⑩売出	影響なし	影響なし	大きくマイナス

大株主が個人に株を売るだけの取引ですから、現金を手にするのは大株主です。企業自身にとっては現金の移動もありませんしEPSに影響を与えることもありません。

一方で、一度にたくさんの株を市場に流通させることになるために、需給面では株価にマイナスの影響を与えます。ただし、長期的に見れば市場での流動性が増し安心して取引できることになることや、東証1部昇格などのイベントにつながっていくこともあるため、**隠れたプラス材料を見出すことができるかどうかがポイントとなります。**

もう少しわかりやすく図示すると以下のようになります。

大株主Bが立会外分売・売出を行った場合のイメージ（「個人」は機関投資家の場合もありますがイメージです）。

立会外分売・売出前

大株主A	大株主B	個人	個人	個人	個人	個人	個人	個人	個人	個人	個人

立会外分売・売出後

大株主A	大株主B	個人	個人	個人	個人	個人	個人	個人	個人	個人	個人	個人	個人

大株主の株式数が減少する代わりに、株主数が増えるイメージです。

以上見てきたように、資本政策はさまざまなものがありますが、そのほとんどは、「企業が保有する現金」、「企業のEPS」、「市場の需給」の3つの視点で考えれば解決するものです。一度整理して理解すれば、株価に与える影響がどのようなものになるかを推測できると思います。理論的にはどう動く可能性が高いのかを考えつつ、実際の市場の動きを観察して理解を深めて行くのがよいでしょう。

そうすれば、単純に分割だから買い、公募増資だから売りなどと、材料や値動きに振り回されずに済むようになります。また、この材料は過小評価されているから買いだとか、過大評価されているから売りだとかいうことも次第に見えてくることでしょう。

知識を頭の中で整理することが最初の段階では大事ですが、実際に自分自身で市場に出てくる材料を読み解くことはもっと大事なことです。知識は経験と結び付くことで初めて生きてくるものだと思いますし、自分自身で「こういうことだったのか」と実際の市場で体験することで大きく成長できると思います。

利益がさほど増えなくても1株当たり利益が増え、株価が上がる謎——第一興商の事例

ここまで、資本政策の影響の基礎を体系的に説明してきましたが、ここからは応用編に入ります。意外な気付きがありそうな事例を見て行くことにしましょう。

決算短信や会社四季報のEPSを見ていると、時々不思議なことに気付きませんか？

たとえば、前年より純利益が伸びているのに、EPSが増えていないとか。「あれれ何でだ？」と疑問に思うことがたまにあるはずです（そんな経験がないという人は、こうした連動するはずの複数の数値の関連が見えていないのかもしれませんので要注意です）。

このような場合、EPSの計算方法や、その構成要素に影響を与える要因に何があるかを頭の中で整理できていれば、何らかの手がかりをすぐに発見できることでしょう。

まずは具体的な疑問の例として第一興商（7458）を取り上げてみましょう。

下は同社の過去5年の当期純利益と1株当たり利益です。どちらも概ね右肩上がりに増加しており、優良企業に見えますね。でも、何か違和感を感じませんか？　ぜひ、自分なりに電卓を叩くなどして推理してみて下さい。

第一興商の純利益の推移

	2011年3月期	2012年3月期	2013年3月期	2014年3月期	2015年3月期
当期純利益	95.90億円	106.89億円	128.19億円	130.84億円	136.50億円
1株当たり利益	147円	167円	209円	219円	235円

試しに2011/3～2015/3の増加率を計算してみると

- 当期純利益：(13,650 − 9,590)/9,590 ＝約＋40％
- 1株当たり利益：(235 − 147)/147 ＝約＋60％

あれ、本来この2つは比例するはずなのに、こんなにも差が出ているのはなぜでしょう？　少なくとも第一興商の株主であれば即答でわからなければいけないところです。第一興商の株主でなくても、きちんと知識と経験を持っている人であれば、きっとあれのことだなと推測できるはず。

そう、答えは、第一興商は毎年のように大量の自社株買いを行ってきた会社だからですね。**自社株買いをすると、1株当たり利益を計算する際の期中平均株式数が減るためEPSを押し上げる効果があります。**毎年大量に自社株買いを実施していた第一興商は、こんなにも目に見えてEPSが改善しているのです。結果として、株価も上がりやすくなっていくというわけです。

第一興商の株式数の推移を見ると…

	2011年3月期	2012年3月期	2013年3月期	2014年3月期	2015年3月期
当期純利益	95.90億円	106.89億円	128.19億円	130.84億円	136.50億円
1株当たり利益	147円	167円	209円	219円	235円
期中平均株式数	6512.3万株	6374.2万株	6131.8万株	5956.0万株	5805.8万株

先ほどの表に、毎年の自社株買いの影響を含めてみると上図のようになります。EPSの計算に使用される期中平均株式数が、見事に5年間右肩下がりで減少しているのが見て取れますね。

もう一度思い出して欲しい式ですが「EPS＝当期純利益÷期中平均株式数」でした。

当期純利益が増えても、また、期中平均株式数が減ってもEPSは増えるということが、この式と上表を見比べるとよく実感できるのではないでしょうか。

つまり、第一興商のEPSの伸びは、当期純利益の増加と自社株買いのW効果により大きく上昇してきたわけです。自社株買いを発表すると企業の株価は上がる傾向がありますが、自社株買いのEPSに対する影響が長期的視点でよくわかる事例だと思います。

そうであれば、なにも第一興商に限らず、増益しながら定期的な自社株買いを行っている会社はないだろうかと探すのも1つの長期投資の視点となることがわかることでしょう。自社株買いは本来は目先の株価を上げるためのものではなく、長期的な株主還元になる、その結果として株価も上がる可能性が高まると考えられるためです。

利益の変化率以上にEPSが変化しているのはなぜ？——大冷と正栄食品工業の事例

次は逆の事例を取り上げてみたいと思います。大冷（2883）は2014年12月に新規上場した会社ですが、2015年5月8日に発表された本決算では以下のような情報が示されました。

大冷の純利益の推移

	2015年3月期	2016年3月期（予想）
当期純利益	10.29億円	8.22億円（-19%）
1株当たり利益	186円	138円（-26%）

当期純利益は特別利益がなくなったことで19%減少していますが、EPSの減少率がさらに大きくなっており違和感を感じませんか？
（26%減少していることは決算短信には書いていませんが、自分で計算するとわかります）

これもEPSの計算式が身に付いている人には簡単に答えを見つけられることでしょう。そう、第一興商のパターンと真逆の事例になります。公募増資をした会社は期中平均株式数が増加してしまうからなのですね。

特に、1年間のうちの下半期に増資をした会社には要注意です。「期中平均」ですから、増資をした期には増資日から期末日までの期間しか影響を受けませんが、翌期には1年分まるごと影響を受けることになります。

大冷の場合で簡単にイメージしていただくと増資の日を境に株数が変動しています。

増資による株式数の変化

発行済株式5,308,300株	発行済株式6,008,300株
期中平均株式5,507,752株	期中平均株式6,008,300株

期末日

その結果、期中平均株式数は以下のようになります（決算短信2ページ目に記載があります）。

大冷の株式数の推移を見ると…

	2015年3月期	2016年3月期（予想）
当期純利益	10.29億円	8.22億円（-19%）
1株当たり利益	186円	138円（-26%）
期中平均株式数	5,507,752株	6,008,300株

このように期中平均株式数が計算され、その結果として1株当たり利益が減少してしまいます。これは特に下半期やIPO時に増資を行った企業に投資する時は要注意ということになります。

たとえば来期は利益が20％増えるからEPSも20％増え株価が上がるはずだと思い込んでいたら、利益は増えたのだけどEPSは増えていなかったという結果になりかねません。

増資の影響は自社株買いの逆ですので、実際の企業の開示が出た時に、企業の財務やEPS等にどのような影響が出るのかを自分で計算する習慣をつけておくと徐々に慣れて行くことでしょう。

ちなみに会社四季報では、増資等の影響も考慮した期中平均株式数でEPSが計算されているようです。これは、会社四季報の最初の方の「会社四季報の見方使い方」の細かい文章の中の「1株益」にちゃんと書いてありますので、ぜひこの機会に読んでみて下さいね。

自己株式の取得でEPSに大きな影響があった最近の優待株の事例としては正栄食品工業（8079）があります。2015年12月14日に発表された2015年10月期の決算短信1ページ目を見て、何か違和感を感じる所がないかを見つけてみて下さい。

平成27年10月期　決算短信〔日本基準〕(連結)

平成27年12月14日

上場会社名	正栄食品工業株式会社	上場取引所	東
コード番号	8079	URL	http://www.shoeifoods.co.jp
代表者	(役職名)代表取締役社長	(氏名)本多　市郎	
問合せ先責任者	(役職名)常務取締役	(氏名)藤雄　博周	(TEL)03 (3253)1211
定時株主総会開催予定日	平成28年1月28日	配当支払開始予定日	平成28年1月29日
有価証券報告書提出予定日	平成28年1月28日		
決算補足説明資料作成の有無	：無		
決算説明会開催の有無	：無		

(百万円未満切捨て)

1．平成27年10月期の連結業績（平成26年11月1日～平成27年10月31日）

（1）連結経営成績　(%表示は対前期増減率)

	売上高		営業利益		経常利益		当期純利益	
	百万円	%	百万円	%	百万円	%	百万円	%
27年10月期	106,748	8.6	3,352	33.7	3,595	31.1	2,602	55.2
26年10月期	98,250	11.7	2,507	0.9	2,742	△9.8	1,677	△19.2

(注)　包括利益　27年10月期　3,913 百万円 (35.0%)　26年10月期　2,899 百万円 (△23.0%)

	1株当たり当期純利益	潜在株式調整後1株当たり当期純利益	自己資本当期純利益率	総資産経常利益率	売上高営業利益率
	円 銭	円 銭	%	%	%
27年10月期	137.72	—	8.6	5.6	3.1
26年10月期	86.23	—	5.9	4.8	2.6

(参考)　持分法投資損益　27年10月期　20百万円　26年10月期　19百万円

（2）連結財政状態

	総資産	純資産	自己資本比率	1株当たり純資産
	百万円	百万円	%	円 銭
27年10月期	68,301	31,563	45.2	1,810.24
26年10月期	59,269	30,304	50.0	1,523.81

(参考)　自己資本　27年10月期　30,865 百万円　26年10月期　29,639 百万円

（3）連結キャッシュ・フローの状況

	営業活動によるキャッシュ・フロー	投資活動によるキャッシュ・フロー	財務活動によるキャッシュ・フロー	現金及び現金同等物期末残高
	百万円	百万円	百万円	百万円
27年10月期	609	△2,281	1,640	5,778
26年10月期	3,128	△2,297	△330	5,490

2．配当の状況

	年間配当金					配当金総額(合計)	配当性向(連結)	純資産配当率(連結)
	第1四半期末	第2四半期末	第3四半期末	期末	合計			
	円 銭	円 銭	円 銭	円 銭	円 銭	百万円	%	%
26年10月期	—	8.50	—	8.50	17.00	330	19.7	1.2
27年10月期	—	8.50	—	9.50	18.00	327	13.1	1.1
28年10月期(予想)	—	10.00	—	10.00	20.00		14.2	

3．平成28年10月期の連結業績予想（平成27年11月1日～平成28年10月31日）

(%表示は、通期は対前期、四半期は対前年同四半期増減率)

	売上高		営業利益		経常利益		親会社株主に帰属する当期純利益		1株当たり当期純利益
	百万円	%	百万円	%	百万円	%	百万円	%	円 銭
第2四半期(累計)	57,500	3.4	2,450	9.6	2,600	8.5	1,600	△13.8	93.83
通　期	110,000	3.0	3,600	7.4	3,800	5.7	2,400	△7.8	140.75

……答えは、**「当期純利益が減益予想」**なのに**「EPSは増加する」という来期予想を出していた**ということです（左の決算短信の一番下の囲み参照）。どういう理由でこうなっているのか、もう推測がつきますよね？

これは2015年7月に11％の自社株を取得しているためのものです。7月末に自社株取得を行うと、期末（10月末）までの3ヶ月分について期中平均株式数が減少します。そして翌期は12ヶ月分すべて影響しますから、期中平均株式数がさらに減少するわけです。その結果、純利益が7.8％減益にもかかわらず、EPSは137.72円→140.75円へと増加しているわけです。

正栄食品の株式数の推移を見ると…

	2015年10月期	2016年10月期（予想）
当期純利益	26.02億円	24.00億円（-7.8%）
1株当たり利益	137.72円	140.75円（+2.2%）
期中平均株式数	18,896,948株	17,050,608株

こうしたことが読み取れるようになると面白くありませんか？　読み取れたとしても、目先の株価はそう大きく動くわけではないけれど、長期的にはじわじわと効いてくる材料を自分の中で把握している訳です。

11％自社株取得は2015年6月29日に発表されていますが、翌日の株価は3%未満の上昇にとどまっています。これは自社株TOBの形で（つまり先に説明した④の形で）発表されたため、需給面の改善がないことから過小評価されていたのではないか？　と推測することもできるかと思います。

そうであれば、**今後他社でも立会外取引やTOBの形で自社株を取得した企業が過小評価されていれば、決算発表を迎えて来期EPS予想が改善して株価が上がるきっかけになるのではないか、**などというパターンが1

つ自分の中の引き出しとして生まれるわけですね。

正栄食品工業はEPSが増加する決算発表を受けて、翌日の株価は3%ほどの上昇となりました。もちろんEPSだけを見て好感したわけではないでしょうが、PERに注目する投資家がそれなりにいるであろうことを考えると、自己株式の取得によるEPSの変化をきちんと理解しておくことは重要と考えます。

増資の役割とライフサイクル ——ユニゾHDの事例

公募増資を発表すると株価が下落することが多いため、一般的に公募増資は悪材料と考えられています。理屈としては増資をすると1株当たり利益が希薄化し、株主の取り分が減るために、1株当たりの価値が低下し株価も下がるということです。短期的な公募増資の説明としてはたしかにそうなのですが、もう少し長期的な目線で企業の実態に迫ってみると違うことが見えてくるかもしれません。

企業は増資により手に入れた資金を本業に投資し、将来の利益を増やそうとするのが一般的です。そうであれば、希薄化率以上に将来増益することが見込まれるのであれば、必ずしも増資は悪というわけではないのではと実態が見えてきます。逆に言えば、既存株主とすれば、企業が増資をするのであれば最低でも希薄化率以上の増益を企業に求めるのが真っ当な態度ということになります。

実際の投資事例で見てみます。ユニゾHD（当時は常和HD）（3258）は2013年2月に公募増資（希薄化率は約20%）を発表したため株価が急落しました。この時株主だった私自身がどのように判断したか思考プロセスを振り返ってみたいと思います。

実はこの公募増資の2ヶ月前に中期計画を発表しており、3年で経常利益を2.1倍（32億円→67億円）にする計画を打ち出していました。そのために必要な増資であるならば、20％の希薄化は問題ないのではないかと考えたのが出発点です。つまり、希薄化する以上に大幅に1株当たり利益を増やせるのではないかと考えたわけです。ユニゾHDは賃貸用不動産を購入しそこから利益を出すビジネスモデルが主でしたから、資金を集め適切な物件に投資すれば、必然的に増益傾向は維持できると考えました。

このように、わかりやすいビジネスモデルだったことも大きかったと思います。そこで私は短期的に株価が下がったとしても、中期計画の進捗を見守ることを基本方針にしました。当時の株価は非常に割安に見えていましたし、仮に中期計画が実現すれば成長期の銘柄として評価され、1株当たり利益の伸びとPER（人気度）の伸びがダブルで効いてくるのではと期待していたわけです。

数年後、結果的に、167ページのチャートのように大きな値上がりを果たしてくれました。賃貸用不動産への積極投資とホテル事業が訪日客の増加の影響で絶好調だったこともあり、中期計画を前倒しで達成したためです。株価は増資発表後から3倍以上にもなっています。私の買値は1100円台でしたが、5000円台、6000円台と少々過熱気味かと感じたところで一部を利益確定しています。

時は流れ、ユニゾHDは2016年6月にも公募増資を発表しました。この時の希薄化率も20％程度でしたが、2013年の時とは正反対の判断をしてすぐさま最後の利益確定をしています。

なぜ正反対の判断をしたのか？　それは企業のライフサイクルを意識し

ていたためです。

2013年は成長期の初期と考えていましたが、2016年はそろそろ利益のピークになるのではないか、つまり成熟期に差し掛かっているのではないかと考えていたためです。

当時のユニゾHDは、既に経常利益予想103億円とかなり大きな規模まで成長してきていました。ここから希薄化率の20%を上回って大きく利益を上積みするのは、2013年の時よりもはるかに困難ではないか、上積みしたとしても成長の限界が近ければ妥当なPERは下がってしまうのではないか、ということが思い浮かびました。

また、この時点では円高傾向にあったため、円安時と比較すれば訪日客の減少も懸念され、ホテル事業の増益のハードルはかなり高いと感じていたこともも う1つの要因です。つまり、ライフサイクルでいう成長期の終わりが近いのではないかと意識していたわけです。

そうであれば、ここがお別れのタイミングかもしれないと感じ、増資発表直後にすべて売却することにしました。最後は4000円台で売ったため、直近高値の6000円台からすると残念なお別れでしたが、長い目で見ればすべて3倍以上で売却できたので十分満足する結果となりました。

これは1つの思考プロセスの事例ですが、運悪く持ち株が公募増資を発表した場合、希薄化以上の増益を達成できるかを考えることを習慣にしておくと、1つの判断基準になると思います。また、株主でない場合は、増資発表直後の株価下落で希薄化自体は先に織り込むため、今後の増益可能性が高いと見るならば新規投資の対象となる場面も出てくると思います。

そして、ライフサイクルを意識することで、同じ増資でも正反対の結論を出していることも注目いただければと思います。

何が正解かは場面によって違うと思いますが、どういった思考プロセスで判断するかは、ある程度パターンがあるわけです。増資をすれば「希薄

ユニゾHDの株価チャート

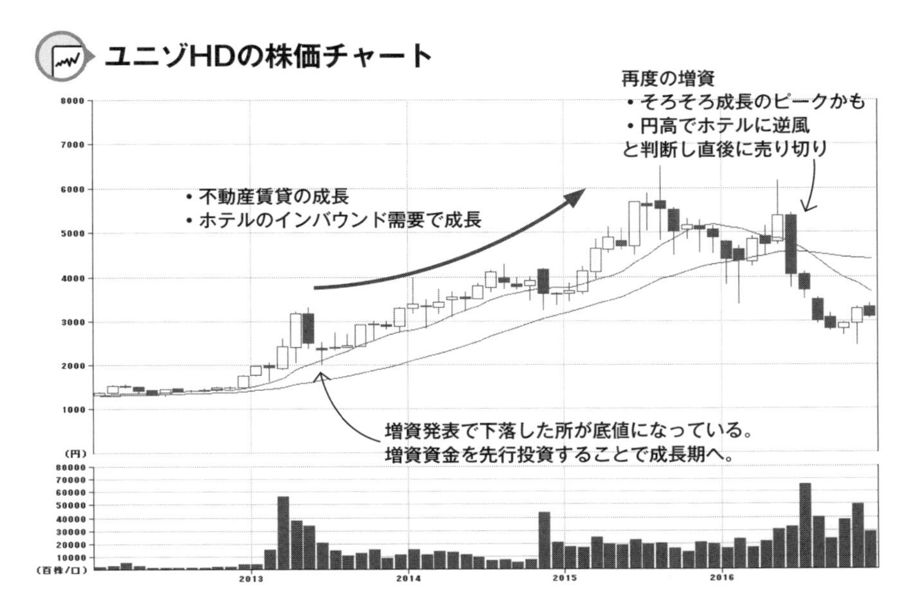

化はするが先行投資のための資金は手に入る」という事実は変わりません。あとは、実際の株価の動きを観察して自分の思考プロセスが正しかったのか、間違っていたとしたらどう考えればよかったのかを、日々試行錯誤しているわけです。

「のれん」「会計方針の変更」特殊要因を学ぶ

IFRSの適用で押さえておくべきは、「売上高」と「のれん」

近年、日本の会計基準からIFRS（いわゆる国際会計基準）に移行する企業が増えています。当初は日本を代表するような大企業から移行が始まりましたが、私が投資対象としているような中小型株や優待株にも、少しずつその波は押し寄せてきています。これに関連して投資家として何を準備しておくべきでしょうか？

個人的には、前（日本基準）と後（IFRS）とで大きく変化する部分を最低限把握しておくだけで十分と考えます。そして大事なことは、日本基準だろうがIFRSだろうが、企業の実態そのものは何も変わらないということを理解しておくことです。

企業を数字で表現する方法が変わるだけなので、日本基準とIFRSというそれぞれのフィルターを通して企業を見た時に、どのように見える傾向があるのかを、あらかじめ押さえておくことが重要になります。その傾向さえ知っていれば、企業の実態を誤解せずに済みますし、他人がどう誤解しやすいのか、結果として株価にどう影響を与えそうなのかを推測することも、ある程度は可能になります。

具体的には、投資家が押さえておくべき最も重要な点は、のれんの処理だけです。また、余裕があれば売上高の計上方法も考え方だけ押さえておくとよいと思います。

売上高についてのポイントは、日本基準が総額で計上するのに対し、IFRSが純額で計上する場合があるという点です。特に大きな影響を受けるのは**商社**です。商社のビジネスには代理人取引という、仲介を行って手数料を受け取る取引があります。

日本基準とIFRSの違い(商社の場合)

日本基準		IFRS	
仕入と売上を総額で計上		全体を一連の取引として純額計上	
売上高	100		
売上原価	90		
売上総利益	10	手数料収益	10

日本基準は、この取引に関して仕入(売上原価)と売上を両建てで総額計上していました。会計処理上は、商社が仕入れたものを販売していると表現していたわけです。

一方、IFRSでは、商社は仲介によって手数料を稼いでいるにすぎないという実質に鑑みて、手数料部分のみ純額で計上することになります。

すると、日本基準で売上高と売上原価として計上されていたものが、IFRSでは手数料収益などと純額計上されます。結果として「売上高」に相当するものは大きく減少してしまいますが、利益の金額は変わらないわけですね。ビジネスの実態そのものは何も変わっていないのだから利益も変わらないという所がポイントです。数字の表現方法が変わっただけですから、過去と比較して売上が大幅に減少しているように見えても気にしなくていいということです。

そもそも売上が大きい方が企業として優れているように見えるというのは錯覚に過ぎないのではないでしょうか。投資家側としては売上がどうあれ、利益をどう伸ばして行けるのかに重点を置くべきです。それは実際に投資を行っている方であればすんなり理解できるのではないかと思います。

一方ののれんについては、見かけの利益に対して大きな影響があるためしっかり理解しておきたいところです。

のれんとは？

まず、のれんとは何か？　細かいことに囚われずざっくりとした理解をしておけばいいと思いますが、他の企業を買収したときに生じるもので、**大まかには買収金額と相手先の純資産の差額**と考えておくとよいでしょう。

相手先をその純資産の金額よりも高い金額で買収するということは、相手先が将来大きな利益を出してくれることを期待している買収金額だということです。その上乗せ分の金額が「のれん」となります。

逆に、純資産の金額よりも低い金額で買収するということもあります。資産はそれなりに持っているけれど、直近が赤字であるとか、やや苦しい経営状況の企業を買収する時には安い金額で買収できることがあります。その安く買えた分の金額が「負ののれん」となります。

相手先の純資産に対し、PBR1倍超で買収するとのれんが発生し、PBR1倍ちょうどで買収するとのれんは発生せず、PBR1倍未満で買収すると負ののれんが発生するというイメージです。

①のれんのイメージ　被買収会社の株式を0%⇒100%取得した場合

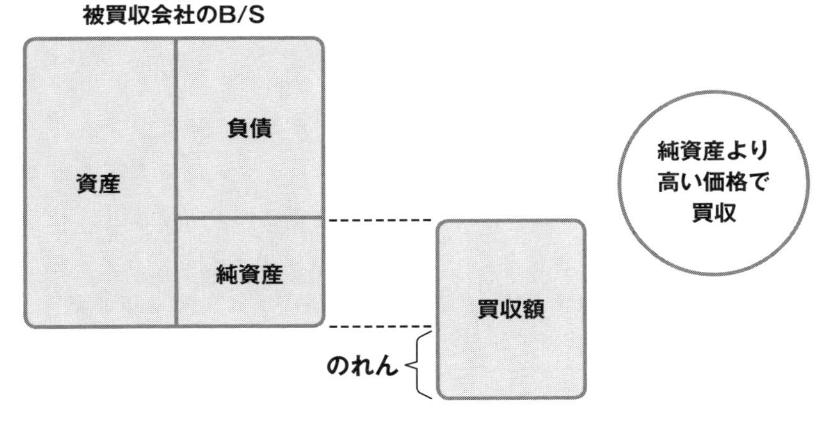

②負ののれんのイメージ

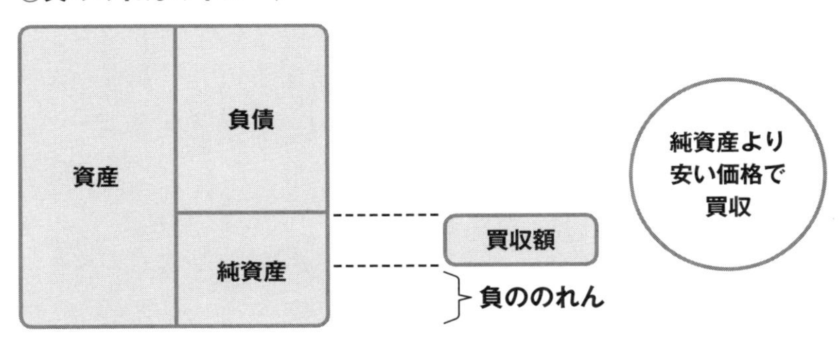

③のれんが生じないケース

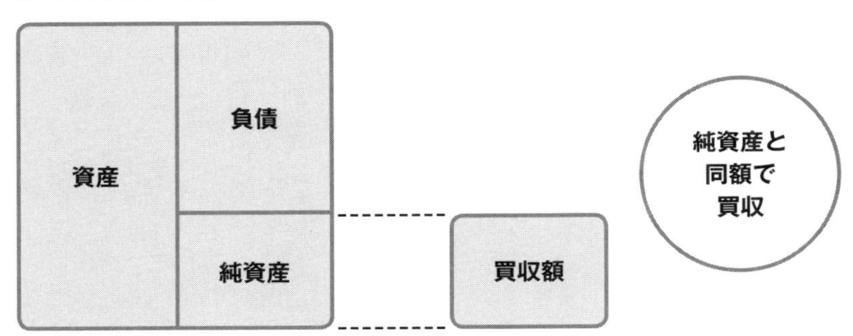

どういう場合にのれんや負ののれんが発生するかを理解したところで、のれんや負ののれんはどう会計処理されるのかが最も重要なポイントです。日本基準とIFRSで大きく異なり、見かけの利益に影響する点だからです。

日本基準とIFRSの比較

	日本基準	IFRS
のれん	・資産に計上後、20年以内に均等償却 ・減損損失の判定対象 ・減損損失は特別損失	・資産に計上後、償却しない ・減損損失の判定対象 ・減損損失は営業利益の内訳
負ののれん	特別利益に一括計上	営業利益の内訳に一括計上

日本基準では20年以内の均等償却ということで、181ページの減価償却の定額法による費用計上方法と同じようなものと考えればよいでしょう。最初に資産に計上されたものが、毎期少しずつ費用に計上され、のれんの金額はその分少しずつ小さくなっていきます。買収先の企業が利益を生まなくなってくると減損損失が計上されるという点も、前述の減価償却と減損損失の関係と同じです。

一方のIFRSでは償却を行いません。そのため日本基準の場合と比較すると毎期の費用が減少するため、毎期の見かけの利益が大きくなることが特徴です。償却しないため、当初、資産に計上されたのれんがそのままずっと貸借対照表に残っていきます。けれど買収対象の企業が利益を生まなくなってくると減損損失が計上されます。

図で表すとわかりやすいかもしれません。日本基準の方が少しずつ取り崩して費用計上しているのに対し、IFRSでは費用計上せず、価値がなくなったときにドカンと費用計上されます。

減損の処理の仕方が違う

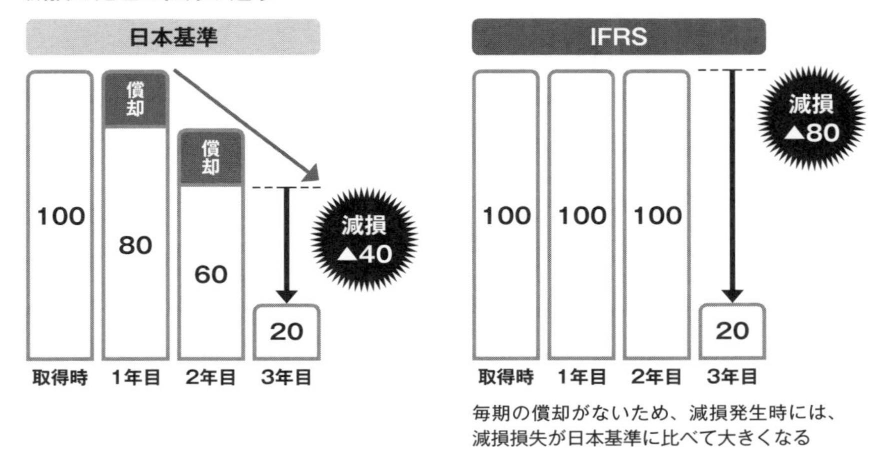

これらのことを理解していれば、近年増加している日本基準からIFRSへ移行した場合にどのような影響が生じるかを把握できます。のれんに関しては以下の流れだけ押さえておけば問題ありません。

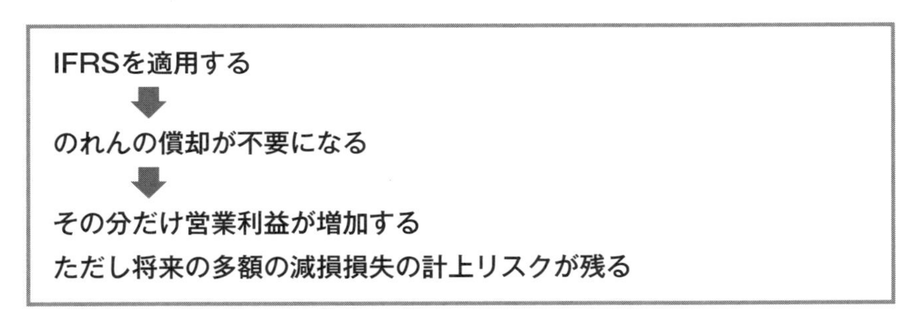

一方、負ののれんに関しては、日本基準でもIFRSでも発生した期間に利益として計上するという点は変わりません。けれど、**日本基準にあった「特別利益・特別損失」という項目がIFRSではそもそもない**ため、営業利益の構成要素になることが特徴です。そのため、**IFRSでは一過性の特殊要因によって営業利益が大きくブレてしまう**という特徴があります。そこを事前に理解しておかないと、いざ決算が出てきたときに大きな誤解をしてしまう危険があります。

IFRS適用企業の決算分析
——RIZAPの事例

IFRS適用企業の決算を分析する時に、のれんに関する知識があれば、特殊要因としてどの程度の業績が押し上げられているのかを把握することができます。そして特殊要因を除いて考えてみることで、企業の実態がより把握できるようになります。

具体例として、RIZAPグループ（2928）が2016年8月15日に発表した第1四半期決算を見てみましょう。これはIFRSに移行して初めての決算だったため、投資家側も十分な事前準備ができていなかった時期という印象があります。

決算短信の1枚目を見ると、売上高が120億円から198億円へ、営業利益は赤字から37億円へ、ということで、非常に素晴らしい数字で驚きました。

同社は例年、第1四半期に多額の広告宣伝費をかけて利益ゼロか赤字になるくらいが通例でしたので、ここまで多額の黒字が計上されるのはちょっと異常ではないかという違和感がありました。

さて、決算分析をするときは大きな所を最初に把握し、次に小さな内訳を見て行くのがセオリーです。そこで決算短信の1枚目を見た後は、損益計算書を確認して、なぜこんなに多額の営業利益が出ているのかを探ります。すると、「その他の収益」という項目に19億円も計上されていることがわかります。

その他の収益が出るような要因が何かあったかなとRIZAPグループの経営を思い返すと、第1四半期に割安な金額で他社の買収を立て続けに行っていたことを思い出しました。また、IFRS適用企業の負ののれんは、

RIZAPグループの第１四半期決算

平成29年3月期 第1四半期決算短信〔IFRS〕(連結)

平成28年8月15日

上場会社名 RIZAPグループ株式会社　　上場取引所 札
コード番号 2928　URL https://www.rizapgroup.com/
代表者 (役職名) 代表取締役社長 (氏名) 瀬戸 健
問合せ先責任者 (役職名) 取締役 (氏名) 香西 哲雄 TEL 03-5337-1337
四半期報告書提出予定日 平成28年8月15日
配当支払開始予定日 —
四半期決算補足説明資料作成の有無 : 有
四半期決算説明会開催の有無 : 有 (証券アナリスト向け)

大きな伸び！

(百万円未満切捨て)

1. 平成29年3月期第1四半期の連結業績(平成28年4月1日～平成28年6月30日)

(1) 連結経営成績(累計)　(%表示は、対前年同四半期増減率)

	売上収益		営業利益		税引前利益		四半期利益		親会社の所有者に帰属する四半期利益		四半期包括利益合計額	
	百万円	%	百万円	%	百万円	%	百万円	%	百万円	%	百万円	%
29年3月期第1四半期	19,834	64.3	3,725	—	3,614	—	2,701	—	2,666	—	2,734	—
28年3月期第1四半期	12,070	—	△21	—	△99	—	△33	—	△37	—	△33	—

	基本的1株当たり四半期利益	希薄化後1株当たり四半期利益
	円 銭	円 銭
29年3月期第1四半期	20.92	20.92
28年3月期第1四半期	△0.30	△0.30

(2) 連結財政状態

	資産合計	資本合計	親会社の所有者に帰属する持分	親会社所有者帰属持分比率
	百万円	百万円	百万円	%
29年3月期第1四半期	69,639	13,440	12,026	17.3
28年3月期	53,777	11,137	10,226	19.0

2. 配当の状況

	年間配当金				
	第1四半期末	第2四半期末	第3四半期末	期末	合計
	円 銭	円 銭	円 銭	円 銭	円 銭
28年3月期	—	0.00	—	7.60	7.60
29年3月期	—				
29年3月期(予想)		0.00	—	—	9.42

(注)直近に公表されている配当予想からの修正の有無 : 無

3. 平成29年 3月期の連結業績予想(平成28年 4月 1日～平成29年 3月31日)

(%表示は、通期は対前期、四半期は対前年同四半期増減率)

	売上収益		営業利益		税引前利益		当期利益		親会社の所有者に帰属する当期利益		基本的1株当たり当期利益
	百万円	%	百万円	%	百万円	%	百万円	%	百万円	%	円 銭
第2四半期(累計)	41,800	—	5,140	—	4,870	—	3,740	—	2,610	—	20.48
通期	100,000	—	10,150	—	9,500	—	7,050	—	6,000	—	47.08

(注)直近に公表されている業績予想からの修正の有無 : 有
平成29年3月期第2四半期(累計)の連結業績予想につきましては、本日開示の「業績予想の修正に関するお知らせ」を合わせてご参照ください。

損益計算書

(単位：千円)

	注記	前第１四半期連結累計期間 (自 2015年４月１日 至 2015年６月30日)	当第１四半期連結累計期間 (自 2016年４月１日 至 2016年６月30日)
売上収益	5	12,070,730	19,834,070
売上原価		△4,578,495	△9,658,346
売上総利益		7,492,235	10,175,724
販売費及び一般管理費		△7,431,424	△8,269,119
その他の収益		7,016	1,933,536
その他の費用		△89,135	△114,347
営業利益	5	△21,307	3,725,794
金融収益		2,743	4,826
金融費用		△80,873	△116,103
税引前四半期利益		△99,437	3,614,516
法人所得税費用		66,163	△912,791
四半期利益		△33,274	2,701,725
四半期利益の帰属			
親会社の所有者		△37,902	2,666,324
非支配持分		4,628	35,400
四半期利益		△33,274	2,701,725
１株当たり四半期利益			
基本的１株当たり四半期利益(円)	9	△0.30	20.92
希薄化後１株当たり四半期利益(円)	9	△0.30	20.92

巨額が計上！

発生した期間に利益計上されることは理解していました。

私はこの2つを事前に把握していましたので、「その他の収益」19億円を見てすぐに理解しました。ここに、日本基準だったら特別利益になるはずだった「負ののれん」が入っているのだろうと。するとIFRSを適用しているから営業利益の内訳になっているけれど、「一過性の利益」なのだなと理解できたわけです。この点が非常に重要なポイントです。

その事実を確かめるため、決算短信をさらに読み進めていくときちんと書いてありました。

「のれん：公正価値で測定された純資産が支払対価を上回ったため割安購入益が発生しており、要約四半期連結損益計算書の『その他の収益』に含めて表示しております。」

言葉は若干違いますが、「割安購入益」は負ののれんのことです。会社によっては「バーゲン・パーチェス益」などという言葉が使われています。さらに決算短信を読み進めると、直近のM&Aである日本文芸社と三鈴社を安く買収できた効果として、割安購入益18億円が営業利益に含まれているという事実が把握できます。

結果として、日本基準と比較すると、IFRSの適用効果で少なくとも営業利益が約18億円かさ上げされているというわけです。そこで、営業利益37億円から一過性の利益18億円を差し引くと、本来の営業利益は19億円程度と見た方が実態に沿ったものと理解しました。

もしも本業で37億円稼いでいたなら、翌日はストップ高でもおかしくないと思いましたが、実質は19億円だとわかると少々迷いが生じてきます。

これでも好調は好調だけど、年間の営業利益予想がもともと約100億円と出ていたこともあり、株価位置を大きく変えてしまうほど異次元の利益ではないかもしれないと悩むわけです。

RIZAPグループについてはすでに結構な株数を持っており、中長期の成長を見守るスタイルでしたので、私自身は売りも買いもするつもりはありませんでした。ただ、この決算発表日に私のブログのコメント欄で、「売り時をどう考えたらいいのか？」という質問があり、「短期目線なら寄り付いたら売りでもいいのではないか」と返信していましたが、以上のような考えがあったからです。見かけの利益の数値が異常に良い（実態はそこまでではないかもしれない）と、株価は短期的に過大評価される可能性があると考えていたためでした。

その結果株価はどう動いたか？

この週は1ドル100円割れの円高になるなど市況が悪かったこともありますが、その後の株価を見ると考えさせられるものがあります。翌日朝の株価が最も高く、そこからあっという間に元に戻ってしまいました。

RIZAPグループの株価

	始値	高値	安値	終値
2016年8月17日	969円	974円	942円	944円
2016年8月16日	**1,039円**	1,040円	981円	981円
2016年8月15日	976円	977円	963円	964円

決算を見て利益や損失が異常な金額である場合は、決算書をきちんと見れば、たいていは何らかの重要な情報が見つかります。ですが、重要な情報を見つけるためには前提となる基礎知識が必要です。

そのためIFRSについても、「のれん関連が日本基準と比較してどう変化するか」という最も重要な所は事前にざっくりとでも押さえていなければいけないわけです。

そして、分析を実践する中で、自分の知識がもし間違っていたら微修正していきます。私の場合、当時はIFRSの負ののれん（割安購入益）って営業利益の中に入るのだっけ？　というのがまだあやふやでしたので、この経験で「体験」し、知識を定着させました。

2 会計方針の変更　定率法→定額法

会計方針の変更は要注意サイン ――エスクリの事例

IFRSの事例でもわかるように、何らかの理由で会計処理方法そのものが変化する場合には、変更前と変更後でどのように変化するのかを把握することが、前提知識として必要になります。そのうえで、仮に変更がなかったらどういう数字だったのかということを自分で考えることで、より企業の現状を知ることができます。

会計方針の変更で最も頻繁に登場するのは、**有形固定資産の減価償却方法を、定率法から定額法に変更することだと思います。**会計方針の変更は本来、より企業の実態に合った方法へと変更するなど合理的理由がなければ認められませんが、そこはグレーな部分でもあり、何らかの理由をつけて、企業にとって都合のいい方法に変更してしまうということもありえます。

減価償却費の定率法と定額法どう違う？

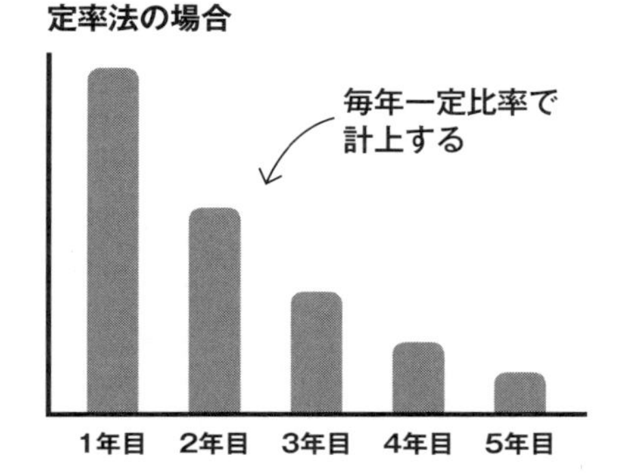

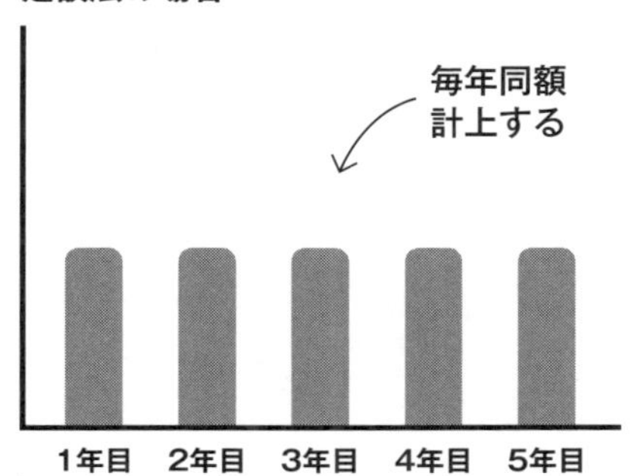

定率法と定額法を比較すると、特に初期の減価償却費は定額法の方が小さくなります。そのため、**特に先行投資の多い企業は、定率法から定額法へ変更すると初期に費用計上される金額が先送りされるため、目先の利益が増加する効果が得られます。**

したがって、たとえば成長率を良く見せたい企業が、何かしらの理由をつけてこの定額法への変更を選択したとしても不思議ではありません。

減価償却に関する会計方針の変更の具体的な事例としては、エスクリ（2196）がありました。成長性のある比較的割安な企業として個人投資家に人気だったエスクリですが、2015年3月期に有形固定資産の減価償却方法を定率法から定額法に変更しています。その後、翌年度に減益予想を出し、その予想も達成できず大幅減益、そして株価は暴落となってしまいました。

実際には、第1四半期（2014年6月末決算）から会計方針の変更が行われ利益がかさ上げされていますので、この時点から警戒しておくべきだったと言える事例となります。

エスクリの業績の推移

	2014年3月期	2015年3月期	2016年3月期
売上高	193億円	232億円	262億円
経常利益	18.1億円	23.5億円 （4.1億円かさ上げ）	7.8億円
純利益	11.0億円	14.3億円	3.5億円

2015/3末の決算短信には、以下のような文章が掲載されています。

「この変更により、従来の方法によった場合と比較し、減価償却費は417,486千円減少し、当連結会計年度の営業利益、経常利益および税金等調整前当期純利益はそれぞれ417,486千円多く計上されております。」

前提条件を変えることで利益が見かけ上「多く」計上されている特殊要因のパターンです。試しにかさ上げされた部分を除くと成長率が落ち、前期比横ばいに近い経常利益になってしまいます。見かけは大幅増益ですが、実質で見ると成長性がかなり怪しくなってきていると感じ取ることができるのではないでしょうか。そして翌期は大幅な下方修正で大減益、株価も暴落という展開になっていきます。

もちろん会計方針の変更が業績悪化のサインだったのか、たまたま会計方針の変更と業績悪化のタイミングが重なっただけなのか、どちらなのかはわかりません。ただ、このような会計方針の変更を行った会社に投資する時は、前期比で利益がかさ上げされている事実と警戒心を忘れずにいることが大事だと実感した事例です。

利益が大きく成長中だった頃のエスクリには、私が参考にさせていただいている複数の個人投資家が投資していたため、私も投資先候補としていろいろ検討してみたことがあったのですが、最も懸念していたのがこの会計方針の変更による利益のかさ上げでした。これを把握していたために私はエスクリに投資することは一度もありませんでしたので、結果的に暴落を避けられたわけです。

いつもうまくいくわけではありませんが、あの頃のエスクリに投資していた方で、会計方針の変更によるかさ上げを意識していなかった場合には、失敗から学べることはたくさんあると思います。ぜひ、今後同じような事例があった場合には警戒してみることをおすすめします。

同じような事例は今後も出てくると思いますので、会計方針の変更があり、それによる利益への影響額が決算短信に記載されている場合には、前期と同様の基準だったらどうなっていたのかを考える習慣をつけておくと良いと思います。重要な影響がある場合には必ず決算短信に影響額が書かれていますので、流し読みでもいいので決算短信の文章はできるだけ読むといいでしょう。実際に自分で読む習慣をつけない限り、こうした重要な情報に気付けません。

エスクリの株価チャート

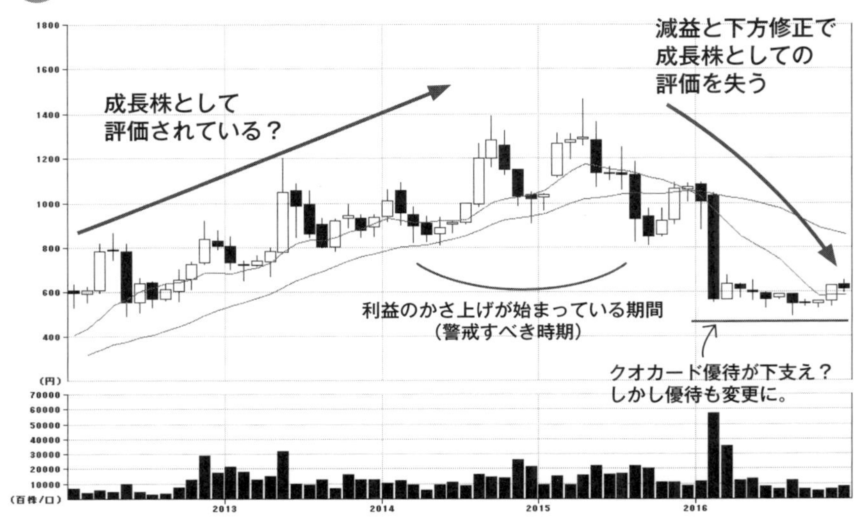

配当優待株から成長株への大転換ストーリー――GMOペパボの事例

RIZAP（IFRS）とエスクリ（会計方針の変更）の事例は、ともに会社の実態よりも決算の利益の方が良く見えてしまうという事例でした。次のGMOペパボ（3633）では、会社の実態そのものが大きく変化したように見える場合を取り上げます。今まで学んできた知識を総動員して、いろいろなことを考えて総合的に投資判断を下しているということを少しでも感じていただければ幸いです。

GMOペパボは、レンタルサーバーなどを運営している会社であり、元々はストック型といわれるビジネスモデルの会社でした。レンタルサーバーは長期で使うことが多いことから、契約数を積み上げて安定的に売上を重ねていくことで利益も安定成長し、比較的高配当を行ってきた会社です。2014年12月期までは100株当たり13,500円の配当を出していました。

また、同社は株主優待も実施しており、GMOクリック証券の手数料キャッシュバックと自社ポイントサービスで、100株当たり年間12,000円分ありました。当時の株価が100株で40万円前後でしたので、優待＋配当利回りは6％超と非常にお得であり、業績も株価も比較的安定的に横ばいで推移していました。したがって、優待＋配当面で非常に魅力的な、ライフサイクル上では安定業績の成熟期の会社という印象でした。

ところが、2015年2月4日の本決算発表で衝撃が走ります。

なんと、翌期の営業利益から純利益までがゼロ（しかも配当は未定）という予想を出してきたのです。それまで7億円程度の営業利益を安定的に出してきた会社ですので大減益となります。

GMOペパボの業績の推移

	2013年12月期	2014年12月期	2015年12月期(予想)
売上高	41億円	45億円	49.5億円
経常利益	7.4億円	7.4億円	ゼロ
純利益	4.0億円	4.1億円	ゼロ

この決算予想を見ると、利益や配当の数字だけを頼りに見てきた人はパニックになってしまうのではないでしょうか。安定的な利益と配当が魅力だったはずの同社の翌期が大減益予想ということは、数字だけ見れば経営の実態が最悪なのではと想像しても不思議ではありません。実際に翌営業日の株価は大きな下落で始まっています。けれど、後から振り返るとここが底値になり、その後株価は数倍になっていきました。

GMOペパボの事例では、以下のようなステップで考えてみることが重要だと感じました。

①何が原因の減益なのか?

大減益予想という事実は、決算短信の1枚目を見ればわかるわけですが、その要因を把握し、理解しなければ何も分析できません。分析は常に大きい所から細かい所へです。減益要因は、決算短信の「次期の見通し」や決算説明資料を見れば概ねわかります。

GMOペパボの場合は、育成中だったハンドメイド作品のオンラインマーケット「minne」を成長させるために、テレビCM等の広告宣伝を含めた多額の先行投資を行う予定ということでした。

一方で、今まで利益を出してきたレンタルサーバー等の既存ビジネスは引き続き安定的な売上利益を見込んでいるということでした。要するに、既存事業が好調な間に、既存事業で出した利益の全額を「minne」の先行投資に突っ込み、飛躍的に成長させようということです。

②この減益要因は一過性なのか？

既存事業は好調なわけですから、「minne」への先行投資が終われば自然と利益は戻ると考えられます。よって減益は一過性と考える方が自然です。既存事業で減益なのではなくしっかり稼げているのであれば、過度な心配はいらないと考えられました。

③将来の売上利益にどうつながっていくのか？

最終的にここが一番大事なわけですが、「minne」がうまくいかなければ元の安定企業に戻るだけでしょう。その一方で、うまくいった場合にはどうなる可能性があるか？　いろいろ調べていると、海外には類似企業として「Etsy」という会社が業績を大きく伸ばしていて、米国でIPO間近ということがわかりました。GMOペパボの「minne」もうまくいけば莫大な利益を生み出すサービスになりうることが想像できます。

④結果として投資家の期待はどう変化するのか？

安定した売上と利益、そして配当と優待を期待していた投資家はその前提が崩れるわけですから、失望売りやパニック売りを出すと想像しました。一方で、株価が落ち着いてくれば「minne」の将来に賭ける投資家も増えてきて、「minne」の成長と共に株価も戻すと想像しました。

ライフサイクルにあてはめれば、既存事業は成熟期のまま推移するものの、minne事業は導入期と考えられます。導入期から一気に成長期に持っていくための多額の先行投資というわけです。つまり、1つの企業の中に複数のライフサイクルが混在していると考えればわかりやすいと思います。

成熟期の事業だけでは投資家の期待は高配当に向き、株価はあまり動かない傾向があり、実際にGMOペパボのこれまでは、そうした値動きになっていました。しかし、ここにこれから成長期になる事業が加われば、投資家の期待が高まり、高PERが許容される展開になるという可能性もあるでしょう。

当時の私は、そんなに都合よく株価が推移してくれるだろうかと悩みながら、微かな希望を見出していました。

GMOペパボのライフサイクルを考えてみる

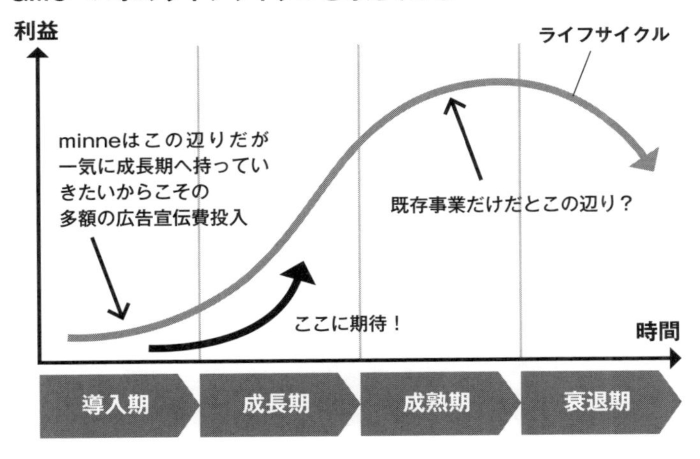

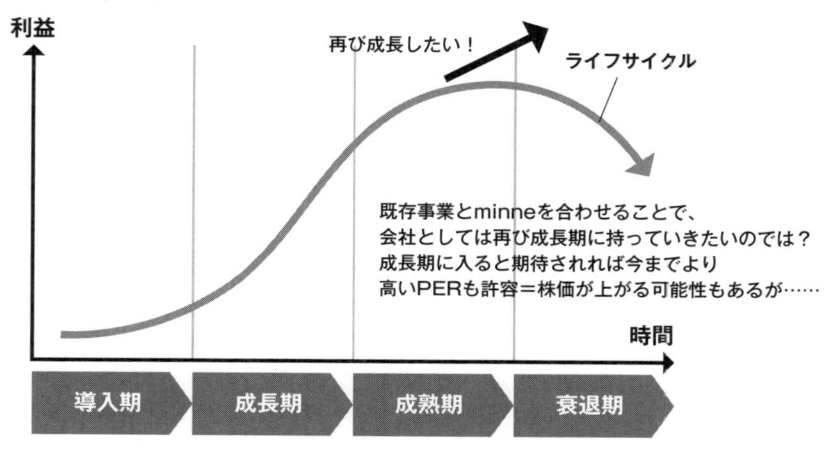

⑤私自身の行動は

以上、いろいろと考えた結果、短期的には売られるだろうけれど、徐々に戻してくると考えました。そうであれば優待をもらいながら会社が大きく化けるかもしれない未来に賭けてしばらく静観してみることにしました。

その結果、決算発表の翌営業日こそ下落したものの、そこから大きな上昇が始まりました。たとえ翌期の利益がゼロでも､「minne」の成長を信じ、会社が大きく成長する可能性を投資家は評価したと考えられます。

その後、あまりにも株価の上昇が早かったため、成功を織り込みすぎと見て私は利益確定しました。数ヶ月で株価は3倍程度まで上昇しており、仮に「minne」が大きく成長するとしても少々短期的に行き過ぎなのではと考えたためです。

ただ、株価が3倍になるまでじっくり保有できたのは、ライフサイクルという1つの理論を企業に当てはめてみるという習慣があったからではないかと思います。そして、優待の存在も、簡単には売りたくないという気持ちがはたらくことから、保有し続けることができた理由の1つでした。

以上の例をとっても、財務分析においては利益の数字だけを見るのではなく、そうなった要因を考え、将来はどう変化するかを考えることが重要です。そして事前にいろいろな知識を蓄えて準備しておくことが大切だとわかります。

必ずしも想定どおりの株価の動きになるとは限りませんが、少なくとも数字の裏にある要因を探っていく習慣をつけることで、これはチャンスと気付けたり、逆に過度に不安になる必要はないと自分自身で考えることができるようになるわけです。

こうした作業は、実際には自分だけで考えるのではなく、さまざまな人の考えに触れてみることも大切だと思います。大きな出来事があった場合には、いろいろな人がブログやツイッター等でご自身の見解を書いていることが多いので、企業名などで検索して読んでみるのも面白いでしょう。

この時重要なのは、「株価が上がるか下がるか」という目先のことはど

GMOペパボの株価チャート

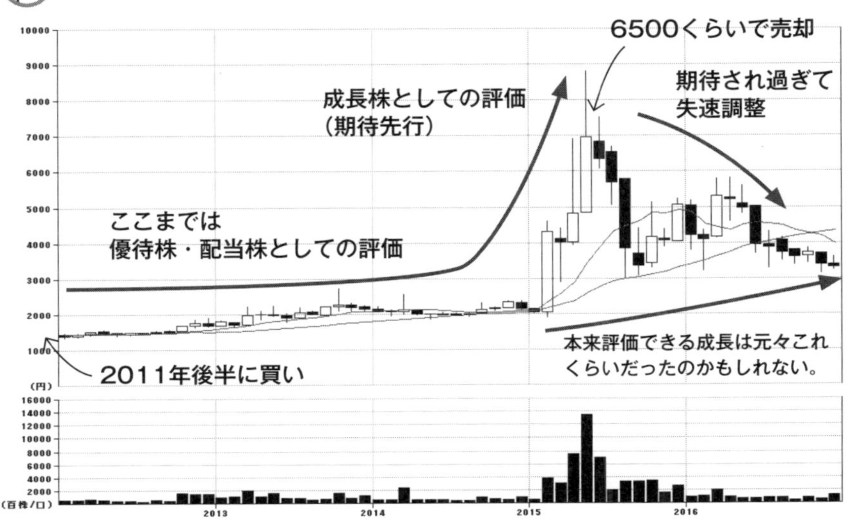

うでもよく、「私はこう考えるから長期的に株価はこうなるのでは？」という広い視点で考えている人を参考にすることです。目先の株価はさまざまな要因で動きますから、それを当てに行くだけではあまり意味がありません。その出来事が、企業そして株価に中長期的に与える影響を考える習慣をつけていくことが望まれます。

実際にGMOペパボの決算発表の際は、利益ゼロでは暴落してしまうと嘆いていた人が9割以上だったと記憶しています。ですが、ごくわずかな人は、minneの成長可能性を評価していました。少ないながらもそういう評価をしていた人はたしかに存在したのです。

当時は半信半疑でしたが、後からじっくり考えてみると、GMOペパボはもともと安定的な優待・配当株としてしか評価されていなかったものが、minneへの積極投資を表明したことで成長株としての評価を先取りしていったように思います。ただ、短期間で大きく上昇したことでさらに投機的な値動きになり、上昇が行き過ぎてしまったのではないでしょうか。そこは長年GMOペパボを見てきた私にとっては絶好の利益確定の機会となったわけです。

いろいろな事例を見て行くと、「特殊要因」とは何なのかが少しずつわかってくると思います。それがあると同じ条件下で数値を比較できなくなるような材料のことです。

企業を分析する際には、比較をすることが最も重要です。既に確定した数字を比較すること自体が目的なのではなく、過去と現在を比較することで、その延長線上にある将来の企業の姿を想像することこそが最大の目的になります。

そして、企業を分析する際には「同じ条件下」で比較することが重要です。けれど、さまざまな事情により特殊要因が生じて同じ条件下での比較にならない場合があります。

この時に、特殊要因があったことを知らないのと知っているのでは大きな理解の差が出てしまいます。そこに投資チャンスが生まれることがよくあります。誤解によって株価は下がるものの、誤解が解けたときに株価が上がるというイメージです。

投資家としては、仮に特殊要因がなかった場合にはどんな数字だったのか？　そして将来特殊要因がなくなればどうなるのか？　といったことを考えることが重要です。

Column

投資家なら知っておきたい、財務・会計の基礎知識

簿記を学んだことがある方ならわかると思いますが、簿記では、細かな1つ1つの取引をどのように分類するか（仕訳という）を学ぶことが最初にあり、それをたくさん積み重ねて最終的な決算書を作ります。ジグソーパズルのピース1つ1つを細かく学び、1つの絵に完成させるようなイメージです。

一方で、財務分析で学ぶのは、すでに完成されたジグソーパズルの絵が何を表しているのかを探っていく作業です。どのようなプロセスでそれが作られたのかを知らなくても、それなりの分析をすることは可能でしょう。

けれど、両者は密接な関係があります。
たとえば、簿記を学ぶ学生がよく陥る悩みは、自分が勉強していることが何の役に立つのかよくわからないというものです。
ジグソーパズルの細かいピースばかりを勉強しているので、最終的にどういう絵が描けるのか、何の役に立つのかが見えなくなってしまうのです。けれど、全体像が見えてきたときに、勉強していてよかったと思える日が来るはずです。私自身もそうでした。

一方、財務分析だけを学ぶ投資家などがよく陥る悩みは、用語そのものが専門的でよくわからないとか、全体がどうつながっているのかがぼやけてしまうといったものではないでしょうか？
売上とか利益は何となくわかるけれど、売掛金とかたな卸資産とか大量の専門用語が出てくるし、よくわからない用語を細かく見るのは心理的に抵抗があるため、結果として表面的な数字を追うだけにとどまってしまう……。財務分析に悩んでいる人を見たり、質問を頂いたりすると、いつもそんな印象を持っています。

そうであるならば、簿記をきちんと学んできた人にとっては、投資の世界に入るにあたり、ものすごいアドバンテージがあると教えてあげるといいのかもしれません。財務分析や投資で使う用語にすでに慣れ親しんでいること、そして財務諸表がどういったプロセスでできるのかを理解しているのが最大のアドバンテージです。

私自身も学生時代に簿記にたくさん触れていたため、投資の世界には非常に入りやすかったと実体験をもって証明できます。あとは簿記の知識が過去の与えられた情報を処理するのに対し、財務分析そして投資の世界は未来の情報を自分で考える事が必要とされます。そのあたりの感覚を徐々につけていけばよいことになります。

逆に、簿記を知らない状態から投資の世界に入り、財務分析をおぼろげながら行っている人には、簿記の世界をのぞいてみるのも面白いとお伝えしたいです。投資の世界で断片的に身に付けてきた知識が、実はこういうことだったのかと整理される瞬間がたくさんあるのではないでしょうか。

もちろん、忙しい社会人の方が勉強時間を確保することが大変なのはわかります。けれど、それも言い訳にすぎません。自分を変えたいと思うのであれば、自分で動き出すしかないんです。

簿記をやったからといって、必ずしも投資がうまくなるわけではありません。そんなことは誰も保証できないと思います。それでも、何の保証もなくても自分を変えようと立ち上がった人のみが、自分自身で何か大事なことを見つける可能性を手にできるのです。

キャッシュフローで
わかる
企業の向かう道

キャッシュフロー計算書とは？——スターマイカとリコーリースの事例

財務分析は、貸借対照表（資産面）と損益計算書（収益面）に関連する所を見ていれば、たいていの問題は解決すると思います。けれど、もう1つの名脇役であるキャッシュフロー計算書を読めるようになると、企業がこれからどこへ向かおうとしているのか、企業の息遣いのようなものが見えてきます。そのため、優先順位は落ちますが、読めるようになってくると面白い決算書です。

キャッシュフロー計算書は、企業が保有する現金が1年間でどう変化したかに注目した財務諸表です。前期末の貸借対照表の現金預金残高から、当期末の貸借対照表の現金預金残高になるまでの変化を追ったもの、とまずは理解しましょう（実際には、キャッシュフロー計算書の「現金および現金同等物」と貸借対照表の「現金預金」には多少の範囲の相違があります）。

ここが増減した要因を示すのが「キャッシュフロー計算書」

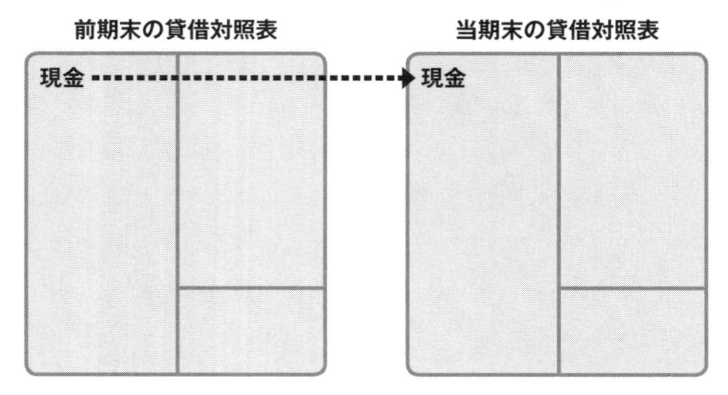

キャッシュフロー計算書は、営業活動によるキャッシュフロー、投資活動によるキャッシュフロー、財務活動によるキャッシュフローに区分して

表示されますが、これは企業がビジネスを行う中で現金がぐるぐる回っている様子を表しています。企業の活動はどんな業種であれ、

株主や銀行から現金を集め（財務活動）

何らかの事業に先行投資するための現金を投じて（投資活動）

付加価値をつけて販売することで現金を回収して現金を増やし（営業活動）

株主に配当したり銀行に返済したり（財務活動）、事業に再投資したり（投資活動）しながら

引き続き販売を行っていく（営業活動）

というような流れがあります。こうして現金がぐるぐる回っていくことで最終的に現金を増やしていくのが企業の使命です。

こうした一連の流れを活動別に一覧にしたのがキャッシュフロー計算書です。

3つの活動別に1年間の現金の流れをまとめることで、**企業が本業でどの程度現金を生み出しているのか（営業活動）、先行投資にどの程度現金を使っているのか（投資活動）、資金調達とその返済にどの程度現金を使っているのか（財務活動）**がわかるようになります。

実際にどのように現金が流れているかを貸借対照表の中で図のようにイメージできるようになれば、キャッシュフロー計算書を使いこなせるようになってくると思います。

キャッシュフローと賃借対照表のイメージ

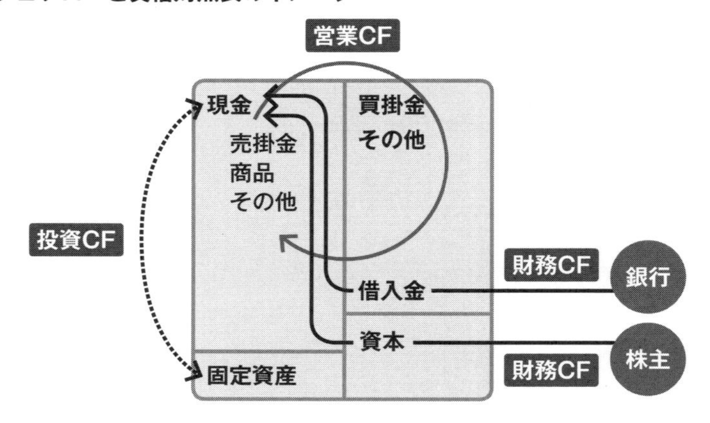

私自身、初めて学んだ時に一番よくわからなかった決算書がキャッシュフロー計算書でした。それは上記のような、企業の一連の資金の流れが、実感として自分の中で理解できていなかったからだと今ならわかります。特に、事業を行うには最初に資金を集めて先行投資をしなければ始まらないというあたりをしっかり理解できれば、キャッシュフロー計算書がなぜ必要なのかがだんだんわかってくるように思います。

また、損益計算書と比較すると混乱しがちです。損益計算書の場合は、黒字はよいことで赤字は悪いことと簡単にイメージできますが、キャッシュフロー計算書の場合は、プラスとマイナスのどちらがよいかは企業の状況に応じて異なるというのが特徴です（そのためキャッシュフロー計算書では黒字と赤字という言葉ではなく、プラスとマイナスという言葉を使った方が明確に区別できると思います）。

キャッシュフローがプラスかマイナスかで良いか悪いかを分析するのではなく、企業が現金をどのように使用しているのか、その実態としてどのような方向に向かおうとしているのか（**先行投資中？　財務改善中？　株主還元強化中？**　など）を把握するための計算書であることを意識しておくことが重要です。

また、企業が前述のライフサイクルのどのあたりにいるのかを推定するのにも役に立つことがあります。売上・利益が伸びていて、投資キャッシュフローのマイナスが多いなら先行投資を進めているので成長期なのかな？

などと、売上・利益の推移を補完する根拠になるわけです。

私自身は初心者の頃から、さまざまな企業のビジネスモデルを少しずつ理解して、キャッシュフロー計算書を毎年確認して行くうちに、徐々に腑に落ちてきて理解できるようになりました。皆さんもあせらず少しずつ理解して行けばよいのではないでしょうか。

さて、キャッシュフロー計算書を使った財務分析には、一般的には、各々のキャッシュフローがプラスかマイナスかのパターンを使った解説があります。

キャッシュフローのプラス・マイナスのパターン

パターン	1	2	3	4	5	6	7	8
営業CF	＋	＋	＋	＋	−	−	−	−
投資CF	−	−	＋	＋	＋	−	＋	−
財務CF	−	＋	−	＋	＋	＋	−	−

パターン1が優良成熟企業、パターン2が成長企業、パターン6は危険な企業などといわれます。パターン1は本業で稼いでいて営業キャッシュフローがプラス、将来のための設備投資も行っていて投資キャッシュフローがマイナス、余った資金で借入金を減らすので財務キャッシュフローがマイナスとなっているなどと解説される訳です。

パターン2は本業で稼ぐ以上に将来のための設備投資が大きいため、不足する資金を借入などで調達していて財務キャッシュフローがプラスになることから成長企業のパターンと言われます。

一方、パターン6は本業で稼げずに営業キャッシュフローがマイナス、それなのに設備投資は続けており投資キャッシュフローがマイナス、結果として多額の借入を行い財務キャッシュフローがプラスとなっており、資金繰りが厳しい危険な企業のパターンと言われます。

たしかに、多くの企業にとっては概ね当てはまるパターンなので、こうしたパターン別の特徴を丸暗記して、実際の事例に当てはめてみるというのも最初の段階では決して悪くないのですが、それはあくまで初心者の段階までだと思います。分析に慣れてくると、ちょっとこれはパターンと違うんじゃないかという事例に出会うことがよくあるからです。
「どのパターンに当てはまるかを見つけるのがゴールではない」という点が重要です。あくまで個々の企業のビジネスモデルと合わせて考えて、企業が現在どのような状況にあり、今後どのように変化していくか、どこにリスクがありそうなのかを探るというのがキャッシュフロー計算書の本来の目的です。

実際に危険といわれるパターン6の企業でも、投資対象として魅力を感じることもあります。パターン6だけど実は優良企業かもしれない事例としては、成長中の不動産会社やリース会社などが当てはまります。

その一例として、スター・マイカ（3230）を取り上げましょう。スター・マイカは中古不動産を取り扱う企業です。試しにキャッシュフロー計算書だけ見ると、見事に3年連続でパターン6の危険な企業に当てはまります。

スター・マイカのキャッシュフローの推移

決算年月	2013年11月期	2014年11月期	2015年11月期
営業CF	△14.33億円	△26.48億円	△21.90億円
投資CF	△26.38億円	△28.50億円	△8.52億円
財務CF	38.54億円	58.61億円	29.39億円

一方で、売上と利益を見ると優良企業のそれに見えてきて、キャッシュ

フローとの極端なギャップを感じます。この差は何なのか？　こうした違和感を1つずつつぶしていくことで、投資家として日々成長して行けるはずです。

スター・マイカの業績の推移

決算年月	2013年11月期	2014年11月期	2015年11月期
売上高	135.43億円	139.01億円	193.33億円
経常利益	12.30億円	12.86億円	17.97億円
当期純利益	7.44億円	7.72億円	11.14億円

このギャップを理解するには、企業のビジネスモデルを理解する必要があります。

スター・マイカのような不動産販売業において売上規模を拡大するには、まず販売対象となる物件を仕入れなければなりません。それには当然、多額の資金が必要になります。そして数ヶ月から数年のうちに物件を販売し、そこでようやく資金が回収できます。

このように先に多額の仕入が必要で、売上までのタイムラグがある場合には、売上規模を大きく拡大しようとしている最中は営業キャッシュフローはマイナスになります。売上で回収する資金よりも、仕入で出て行く資金の方が多くなるからです。

この現金が不足する分は借入で資金調達しなければならないので財務キャッシュフローが大きなプラスになります。そして業容拡大に伴い支店を拡大するなど固定資産への投資も必要となるため、投資キャッシュフローはマイナスになります。

その結果、キャッシュフローの見た目の上ではパターン6になってしまうわけです。

スター・マイカのキャッシュフローと賃借対照表のイメージ

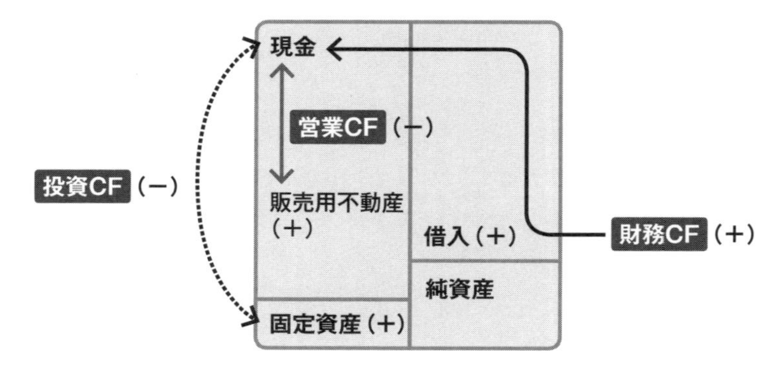

将来の売上を増やすには販売用不動産の増加が不可欠。販売用不動産をたくさん仕入れるためには借入（または増資）で現金を賄うしかないという現実が不動産会社にはあるのですね。

一方で、順調に物件が売れていれば、損益計算書だけを見ると売上も利益もどんどん拡大しており、増配も続けている優良企業に見えます。

結局のところどう考えればいいのか？

スター・マイカのような事例の場合、売上・利益の成長が極めて大事なので、損益計算書の過去の推移や、今後の計画が最も大事であると考えればよいでしょう。

一方でどんなリスクがあるのかを把握することも重要です。それにはキャッシュフロー計算書がなぜ最悪パターンなのかを理解することです。

将来の売上拡大のために在庫となる不動産を積み上げていくことは、その在庫が適正な価値で売れなくなった時に大きな問題となります。具体的には、スター・マイカの場合は中古不動産業ですから、何らかの変化（突然の大不況など）により物件が今までの価格帯で売れなくなり、資金不足から投げ売りしなければならない環境に追い込まれた時です。

実際にリーマンショック時の2008 ～ 2009年頃は、急激に不動産が売れなくなり、多くの新興不動産会社が一気に経営危機に陥りました。

私個人としては、以上のようなリスクをある程度理解したうえで、スター・マイカへの投資検討を進めました。決算説明会の資料を読み込むことをメインに検討を進めると、中古不動産市場におけるスター・マイカの優位性や、現状で多額の含み益のある物件を保有していること、中期計画で将来的に東証1部を目指していることなどがわかり、魅力を感じるようになりました。

結局は、企業を少しずつ理解して行くことで、一般的なキャッシュフローのパターンでは何年も最悪（と思われている）パターン6を続けているものの、十分魅力的な投資先になりうると結論付けて投資した訳です。本書を執筆している時点では業績も好調に推移し、それなりの含み益が生まれています。

もう1つ似たようなキャッシュフローのパターンをとる業界にリース業があります。こちらのビジネスモデルも、最初に大きな借入をしてリースするための商品を購入し、お客さんにリースして毎月のリース料を少しずつ回収するというモデルです。そのため、売上を大きく拡大しようとするとどうしても先に資金が必要になります。その結果、パターン6のような最悪パターンに見た目上はなってしまうわけです。

最初に大きな資金が必要という点で、リース業は不動産業に似ていることがわかれば、なぜキャッシュフローが同じパターンになるのかもわかります。もっとも資金を回収する（売上が計上される）際は、リース業は毎月少しずつ回収するのに対し、不動産業は一気に回収するという相違があるわけですが。

ここで、リコーリース（8566）の財務諸表を見てみましょう。

スター・マイカとそっくりですね。キャッシュフロー計算書だけ見ると、見事に3年連続でパターン6です。

リコーリースのキャッシュフローの推移

決算年月	2014年3月期	2015年3月期	2016年3月期
営業CF	△491.24億円	△474.32億円	△312.31億円
投資CF	△11.36億円	△10.67億円	△13.38億円
財務CF	599.80億円	385.63億円	355.16億円

でも売上と利益を見ると優良企業のそれに見えてきて、キャッシュフローとの極端なギャップを感じます。この差は何なのか？　スター・マイカと同様に違和感の正体を1つずつつぶしていきます。

リコーリースの業績の推移

決算年月	2014年3月期	2015年3月期	2016年3月期
売上高	2459.04億円	2587.33億円	2758.79億円
経常利益	158.84億円	164.47億円	168.43億円
当期純利益	95.50億円	101.36億円	110.49億円

このギャップを理解するにはやはり、企業のビジネスモデルを理解する必要があります。

リース業のように先に多額の仕入が必要で、売上までのタイムラグがある場合には、売上規模を大きく拡大しようとしている最中は営業キャッシュフローはマイナスになります。売上で回収する資金よりも、仕入で出て行く資金の方が多くなるからです。

ここの現金が不足する分は借入で資金調達しなければならないので財務キャッシュフローが大きなプラスになります。そして、業容拡大に伴い固定資産の投資も必要となるため投資キャッシュフローはマイナスになります。

リコーリースのキャッシュフローと賃借対照表のイメージ

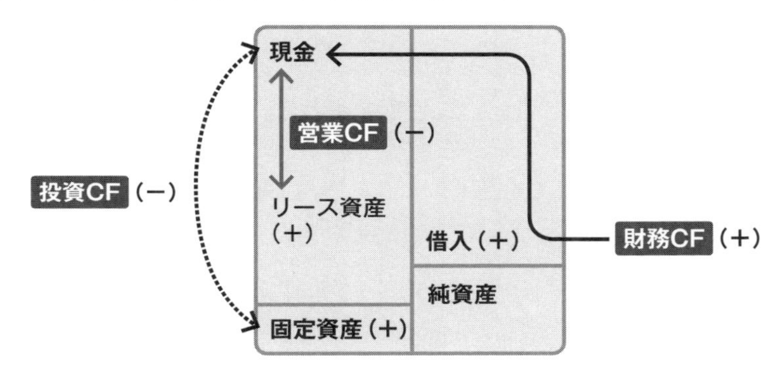

一方で、順調にリースが進んでいれば、損益計算書だけ見ると売上も利益もどんどん拡大して、増配も続けている優良企業に見えるのです。

キャッシュフローの投資家的活用法

リコーリースの事例の場合も、売上・利益の成長が極めて大事なので、損益計算書の過去の推移や今後の計画が最も大事であると考えればよいでしょう。

一方でキャッシュフロー計算書が最悪パターンなのはなぜかを理解することも重要です。これは、この会社の「倒産リスク」が高いわけではなく、「ビジネスモデルに特有のもの」ですが、だから無視していいというわけではなく、どうなったら問題が生じるのかを理解しておくことが大事です。

リコーリースの場合、何らかの変化（突然の大不況など）によりリース先が大量倒産するなどして、貸倒れが大量発生した時が危険信号です。

ただ、リコーリースの特徴を調べて行くと、リコーリースは中小企業何百万社にリースを行っており、1社1社への依存度は低いために実質的なリスクは小さく分散されているのではないかと私は考えました。分散されているという点では不動産業よりもはるかにリスクは小さい印象です。

そこで、キャッシュフローのパターンではパターン6を続けていても、十分魅力的な投資先になりうると結論付けました。

リーマンショックが起こった頃は、リスクが顕在化するかもしれないという恐怖に包まれたことから、不動産業や金融業（リース含む）の株価はかなりの暴落がありました。けれど、ビジネスモデルをある程度理解し、壊滅的な打撃を受ける可能性は低いと考えることができれば、大暴落の局面でバーゲンセールを拾いに行くこともできたのではないでしょうか。株価が大暴落していても、企業に対する自分の理解度がそれなりにあれば買いに行くことができる。そこが実際に投資と結びつけるための大きなポイントとなるわけです。

投資キャッシュフローとは？

投資キャッシュフローは企業が設備投資など、将来への投資にどれくらい現金を使っているかを表したものであり、マイナスになるのが通常です。**「投資キャッシュフローのマイナスは悪いことではない」**という概念を早い段階で自分の中で把握することが重要です。将来の売上・利益という果実を得るためには、まずは企業の手元から現金を手放して、将来への種まきをしなければならないからです。

投資キャッシュフロー関連で一般的に押さえておくべきなのは、フリーキャッシュフロー（フリーCF）という概念です。**「営業キャッシュフロー**

＋投資キャッシュフロー＝フリーキャッシュフロー」ということで、これがプラスの場合は将来への投資以上に本業で現金を生み出している健全な状態と言われます。そのプラス分を、財務キャッシュフローである借入金の返済や、株主への配当に使えることになります。

一方、フリーキャッシュフローがマイナスの場合は、本業で生み出す現金以上に将来への投資を行っており、現金が不足するために借入を増やすとともに配当金を抑える必要が出てきます。

最初の理解としてはこれだけでも十分かもしれません。けれど、それだけでは企業の実態を見誤る場面が出てきます。投資キャッシュフローの内訳まで理解していないためです。

投資キャッシュフローの中で最も重要なのは、土地・建物・機械・設備など一般的に設備投資（将来のための先行投資）と言われる「有形固定資産の取得による支出」、ソフトウエアへの投資のための「無形固定資産の取得による支出」の2つです。この他にも、定期預金や投資有価証券の購入も含まれます。

定期預金？　一般的な感覚としては、定期預金は現金とほとんど変わらないと感じるのではないでしょうか。また、投資有価証券といっても他社の株式に限らず債券など安全性の高いものも含まれています。これらに振り向ける資金が多額であっても、投資キャッシュフローのマイナスが大きく見えてしまうという特徴があります。投資キャッシュフローの総額しか見ていない場合には誤解を生みがちなポイントです。

そのため、結論としては、投資キャッシュフローは2つの内訳に分解して考えてみるのがよいと思います。**「設備投資」と「余剰資金の運用」です。そして、設備投資に使用している部分こそが本業を成長させるために使用しているキャッシュである**と考えた方がよいと思います。

これはやや上級者向けではあるものの、習慣としてこうした作業を当たり前のように頭の中でできるようにしておくと、企業の実態を見誤る可能性を減らし、より鮮明に企業の実態が見えてくると思います。

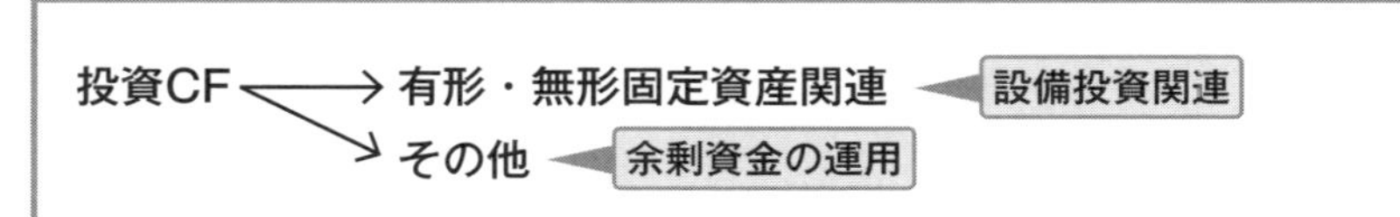

サンリオの事例

それでは、具体的な事例としてサンリオ（8136）を見てみましょう。サンリオは以前に優待目的で保有していた会社でしたが、業績改善に伴う大きな株価上昇により手放してしまいました。それから数年、ずいぶん株価が下がり元に戻ってきたようなので、また少し検討してみるかなと久しぶりに業績推移を確認していた時のことです。キャッシュフローの5年間の推移を見たところ、投資キャッシュフローのマイナスがここ3年間、急増しているのが目立ちました。

サンリオのキャッシュフローの推移

決算年月	2012年3月期	2013年3月期	2014年3月期	2015年3月期	2016年3月期
営業CF	148.20億円	170.85億円	174.48億円	144.38億円	100.11億円
投資CF	20.05億円	△4.85億円	△86.51億円	△78.18億円	△63.98億円
財務CF	△103.13億円	△96.51億円	△54.17億円	△119.21億円	△195.82億円

「サンリオはたしか以前にライセンス収入を得る戦略に転換していたはずだから、そんなに投資キャッシュフローは必要ないはずだけどなぜだろう？　3年前から設備投資を急増させた？　もしや実店舗を増やす方針に転換したのかな？」などと疑問を持ちます。

ここで、投資キャッシュフローの合計数値だけ見る習慣しかないと、先行投資で設備投資を増やしているんだなという浅い推測しかできません。

しかし投資キャッシュフローを、有形・無形固定資産関連と、余剰資金の投資とに分解する習慣があったため、変な誤解をせずに済みました。

サンリオの投資キャッシュフローの中身とは？

	2015年3月期	2016年3月期
有形固定資産の取得	－6.45億円	－12.29億円
無形固定資産の取得	－4.73億円	－7.74億円
定期預金の預入純額	－56.13億円	-39.74億円
投資有価証券の取得純額	＋3.03億円	－17.19億円
その他	－13.90億円	＋12.98億円
投資CF	－78.18億円	－63.98億円

わかりやすいように順番と表示を変えていますが、内訳を見ていくと投資CFの印象がガラッと変わりますね。これを見ると**定期預金を増やすために現金を使っていたのが大半で、設備投資に使っていたのは10～20億円程度**でした。そうであれば実店舗を増やしている訳でもなく、基本的な戦略は特に変わってないのかななどと、推測することができます。

また、定期預金をかなり増やしているのは財務に余裕があるからなんだろうなと想像できます。

10年前くらいのサンリオは、多額の有利子負債を抱えてリスクの非常に高い企業という印象でした。しかし、ライセンスビジネスに軸足を移してからは有利子負債を着実に返済し、実質無借金の財務健全な企業になりました。今もなお、財務はどんどん健全になっているんだなということがキャッシュフロー計算書から感じとれたのです。

それならば、「最近利益が不調な一方で、配当は高水準で維持されているけど、まだ減配はしないかな？　減配しないとすれば優待と合わせて魅力的だけど、円高が不利な企業だから先行き微妙だろうか……」などと、現時点で投資対象になりうるかをさらに検討していくわけです。

財務諸表を見ることは健康診断の結果を見るようなものです。企業が以前よりも上向きなのか下向きなのか、今後何をしようとしているのかを把握します。キャッシュフローに限らずですが、財務諸表の大きな合計数値しか見ないのは、健康診断に例えるならば「体重が増えた」という事実しか見ないようなものです。体重が増えたのは悪いことなのでしょうか？

でも、分解してその内訳を考えることを知っていれば、筋肉が増えたのか、脂肪が増えたのかで印象は大きく変わるはずです。

投資キャッシュフローの性質は、「設備投資」と「余剰資金の運用」に大きく分けることができると知っておくだけでも、今後役立つ場面があるでしょう。

財務キャッシュフローとは？——宝印刷の事例

財務キャッシュフローは、どのように資金が調達され、返済されたかを表しています。

キャッシュフロー計算書の項目では最後に掲載されるため、営業キャッシュフローと投資キャッシュフローで稼いだ現金（または不足した現金）をどう使うか（またはどう調達するか）という印象を持たれる場合が多いかと思います。

けれど、企業のビジネスモデルを考えれば、まず資金調達をし（財務キャッシュフロー）、先行投資を行い（投資キャッシュフロー）、その結果として本業で資金を生み出す（営業キャッシュフロー）、その結果余った余剰資金の一部を定期預金や投資有価証券に投資しておき（投資キャッシュフロー）、さらに余った分を借入の返済や株主への配当に充てる（財務キャッシュフロー）というように、財務キャッシュフローから始まりぐるぐる回っているのがわかります。

財務キャッシュフローで最も重要なポイントは、有利子負債（短期借入金、長期借入金、社債など）がどの程度増減しているかです。それにより企業がどのような方向に向かおうとしているのか、あるいは苦しんでいるのかを感じ取ることができます。

また、株主への配当金の支払いも財務キャッシュフローに記載されますので、たとえば配当を今の2倍にしてもその企業は余裕なのか、あるいは苦しいのかなどを考えることも出来ます。

先に例を出したスター・マイカやリコーリースの場合、資金に余裕がなく、ちょっと苦しいかなと感じ取れますよね。この点、損益計算書だけ見ると、毎年増益しており配当性向も低いことからガンガン増配できそうに見えますが、キャッシュフロー計算書を合わせて見ると、資金繰りは苦しそうということがわかると思います。配当を増やしてしまったら、資金に余裕がないため、その分だけ有利子負債を増やすしかないからです。

そんなわけで、この2社に関しては株主総会等で「利益も出ているのだし、大幅に増配できるのではないか？」などと主張するには少々厳しいことがわかります。その逆に現金が余っているのになかなか増配していない会社(たとえば以下の宝印刷）も見抜けるようになると思いますので、ぜひ、キャッシュフロー計算書も少しずつ自分のものにしていって欲しいと思います。

宝印刷のキャッシュフローの推移

決算年月	2012年5月期	2013年5月期	2014年5月期	2015年5月期	2016年5月期
営業CF	9.16億円	10.34億円	10.92億円	10.83億円	19.77億円
投資CF	△1.41億円	△5.55億円	△3.85億円	△6.28億円	△3.12億円
財務CF	△3.51億円	△3.31億円	△3.37億円	△7.90億円	△5.60億円
現金及び現金同等物	45.02億円	50.38億円	54.08億円	50.73億円	61.78億円

自社株買い実施（2015年5月期 財務CF）
大幅増配（2016年5月期 財務CF）
余裕がありそう（2012〜2014年5月期 財務CF）

Column

賃貸等不動産に注目

貸借対照表、損益計算書、キャッシュフロー計算書を読む以外にも、決算書を効果的に利用する方法はいろいろあります。その1つが賃貸等不動産関係の情報です。

企業のホームページやEDINETなどから、決算短信や有価証券報告書のPDFファイルを開いて「賃貸等」と検索してみて下さい。賃貸等不動産を保有している企業の場合、その関連情報を見ることができます。

ここに貸借対照表に計上されている賃貸等不動産の「帳簿価額」と、不動産鑑定書などで算定した「時価」が掲載されていますので、これらの差額である含み益または含み損が現状どれだけあるのかを簡易的に知ることができます。書類の後ろの方に掲載されていることもあり、知らない人はなかなかたどり着けない情報です。

特に、歴史ある会社の場合は、過去に余剰資金で不動産を購入し、これを他社に賃貸して収益を得ていることがあります。そして、古くから良い物件を保有している会社であれば、時価が大幅に上回っていることがあります。いわゆる含み資産を多く保有している状況です。

このような含み資産を多額に保有している会社は、さまざまな経営上の選択肢を持っています。本業以外の不動産物件ですから、これを売却して利益を補填することも可能ですし、それにより得たキャッシュを増配や自社株買いに使ったり、M&Aに使ったりすることもできるわけです。

私はこの「賃貸等」の検索を行うことを1つの習慣にしています。これをきっかけに見つけたのが、ポーラ・オルビスホールディングス（4927）でした。ポーラの上場時にこの検索を行ったところ、賃貸不動産を約239億円保有しており、その時価は約453億円でした。すなわち、差し引き

214億円もの含み益があることを発見したわけです。この他にもポーラは多額の現金・有価証券を保有しており、非常にキャッシュリッチ（なおかつ多額の含み資産持ち）な優良企業であると感じました。実際にポーラはその後、この豊富なキャッシュを使って積極的に海外の会社をM&Aしたり、一部子会社が不振になると賃貸不動産を売却して利益減少の埋め合わせをしました。さらに、本書で述べてきたROEを1つの目標にしていたことから、大幅な増配を行い、株主に報いています。

私はIPO後に何回かに分けて購入し、株価7倍程度で売却してしまったのですが、その後も保有していれば10倍近くまで値上がりする場面もありました。たった1つの情報を「検索する」という習慣があったからこそ、有望な投資先に出会えたことは貴重な教訓です。本当に有用な情報に出会うことはそれほど多くないので、調べる習慣を普段からつけておくことが大事だということですね。

なお、含み資産関連としては、企業が保有する土地の価値もたびたび株式市場で注目されることがあります。ただし、事業に使用しておらず今すぐ売却できる土地ならいいのですが、売却すると事業が成り立たなくなるような含み資産（たとえば株式会社東京ドームにおける東京ドームの土地など）の場合は、いくら含み益があっても次の展開が見えてこないため、私個人としてはあまり重視していない銘柄群になります。

勝てる投資家に共通するもの「知識」と「経験」、最後は「メンタル」

知識と経験、そして…

この本では、株式市場において、自分自身で考え、判断するための型・枠組みのようなものを提供してきました。**私自身が今まで身につけてきた知識の中から、あまり他の本には書いていないけれど、早いうちにこういったことを知っておけばよかったというものをピックアップし、できる限り体系化できるようにまとめました。**そして、それぞれの知識に基づく私の経験を、事例という形で紹介しました。

「知識」と「経験」、この2つは株式市場と長く向き合っていくためになくてはならないものです。私自身でいえば、このうち「知識」面はたくさんの本を読んだり、日々の適時開示を読みながら疑問に思った点を調べたり、会社に聞いたりしながら少しずつ身につけてきました。ですが、知識だけ増えても実際の市場にどうやってその知識を落とし込むのかが問題になります。実際にやってみて気付くことがたくさんあるためです。

「経験」面は、本の中で事例を読むのも1つの方法なのですが、どうしても過去の出来事なので自分のものにするためには弱いと思います。あくまでリアルタイムで、自分自身で経験してこそ身につくものだと実感しています。だからこそ、私自身、実際にいろいろな投資を今も日々試しているわけです。読者の皆さんも、ぜひ自分で投資をする中で（私の本に限らず）あの本に書いてあったことはこういうことだったのかなと実感するような経験を積んでいってほしいと思います。類似の事例というのは（少しずつ形は変わっても）たびたび出てくるものですから。

この両輪がうまく回っていると、投資対象を調べるのも、投資をするのも徐々に楽しくなってくるはずです。そうした好循環ができると、もはや日々の努力を努力と思わなくなり、当たり前の習慣になります。「好きこそ物の上手なれ」です。そこにたどりつくまで、とにかくがむしゃらに自主的にいろいろやってみることでしょうか。いろいろやっているうちに自分に合った方法を見つけ出せるはずです。

さて、知識面では、覚えることが重要になります。経験面では実際の市場と向き合い、いろいろ考えたり感じたりすることが重要になります。でも、それだけでは不十分です。

もう1つ重要なのは「メンタル」面を磨くこと。投資を行うにあたっての心の持ちようだったり、もっと大きな意味では投資哲学みたいなものだと思います。

どんなに知識と経験があっても、いざチャンスが来た場面で勇気を出して買いに行くという行動をしなければ何も得られません。口だけで、どんなに立派なことを言っていても、行動する人にはかないません。そして、いざ行動に移す時に支えになるのが、メンタル面の強さです。長い投資人生、どれだけ投資とまっすぐに向き合っているかが試される場面が何度もやってきます。

そこで、メンタル面に関して私が意識していることをご紹介します。

自分が少数派であるかを意識する

株式投資では、大多数の個人投資家が負けていると昔から言われています。それが真実かどうかはさておき、自分が勝てる側になるには、少数派にならなければいけないことになります。

少数派になるために何が必要なのか？

簡単な話、多数派がやっていないであろうことを、正しい方向に日々継続していれば、少数派の入り口には立てるはずです。そのためには、自分が目指すタイプの優秀な個人投資家が何を調べ、何を考えているのかを参考にしてみてはいかがでしょうか。幸運なことに、今の時代はブログやツイッターなどさまざまな所で優秀な方たちの言葉に日々触れることが可能です。

そうしていくうちに、彼らにあって自分に足りないものは何なのか、何をすればいいのかが徐々に見えてくるはずです。

自分は初心者の凡人だから、優秀な彼らにはかないっこないなどと思ってはいけません。誰だって、初心者の時代はあったんです。彼らもまた年単位で知識と経験を積み重ねてきたはずだということに思いを馳せてみます。そして自分も少しずつ彼らに近づいていくことはできるはず、と最初の一歩を踏み出し、そして継続して行きましょう。

学ぶことは最初は苦しいかもしれないけれど、それを乗り越えると楽しくて仕方がないものに変化していきます。投資においてはすぐには花咲かないことがほとんどでしょうが、コツコツ種まきを積み上げて育てて行くと、いつか大輪の花を咲かせることができるものです。

「適時開示情報」を毎日欠かさず見る

私は、適時開示情報を毎日見ることを10年以上継続しています。今では当たり前の習慣ですが、最初は大変な作業だなと思っていました。でも、だからこそ、なんとなく投資をしている多数派の人たちはおそらくそこまでやっていないのではないでしょうか。少数派になりたければ、やり続けなければなりません。

驚くことに、適時開示情報の存在すら知らない人も結構いるようです。私も初心者の頃はその存在を知りませんでした。けれど、初心者の頃に参考にしていた投資家の方が毎日見ていることを知り、私も見るようになりました。

最初は決算短信の1ページ目だけ見て、大まかに売上や利益が上向きなのか下向きなのか、業績予想や会社四季報の予想と比較した進捗率はどうなのかなどを見る程度でした。

けれど、慣れてくると、2ページ目以降の文章を読むようになります。財務諸表も確認するようになります。そして、賃貸等不動産のような後ろのページも確認するようになります。

もちろん最初は大変な作業です。しかし、だんだんどこに何が書いてあるかなどを把握し、コツがわかるようになってくると楽しくなるんですね。企業がどれだけがんばっているのか、苦しんでもがいているのか、いろいろなことが伝わってくるからです。そして、実際に投資に役立ち、成果を上げられた成功体験が増えて行くと、より楽しくなります。

適時開示情報は情報の宝庫です。宝探しをしているみたいな感覚になってきます。もちろん、本当のお宝はめったなことでは見つかりません。でも、見つかった時の高揚感を知っているから、続けることができているのです。そうやって続けることで、徐々に自分に合った投資は何なのか、どうやって適時開示情報を実際の投資に生かすのか、自分の武器となりそうなものは何なのか、いろいろなことが見えてきます。

まずは上位10%×上位10%＝100人に1人の少数派を目指す

これが、私が日々目指しているイメージです。株式投資の世界には、天才的にうまい人というのは確かに存在すると感じています。けれど、私は彼らと同じようにはなれないだろうし、特殊な才能というのも持ち合わせていないことは十数年やってみて自覚していることです。だからこそ、自分のなりたいイメージはどういうものなのか、そこに近づくためには日々何をすればいいのかということを、よく考えていました。そんなときに思うことは、特殊な才能がなくても、**ある分野の上位10%くらいには、努力と継続の積み重ねで行けるのではないか**ということです。そしてそれを**複数の分野で達成できれば上位1%になれる**という大まかなイメージです。

私の上位10%①——優待株関連

株主優待に関しては、有名な桐谷さんをはじめ素晴らしい知識と経験をお持ちの方がたくさんいることを知っています。そうした方々にはかなわないけれど、私も10年以上も日々優待株と接して、実際に優待を使用していると、上位10%くらいには入れている気がしています。優待の知識だけじゃなく、他の人がどんな優待に興味を持ちやすいとか、優待株がどんな値動きをしやすいとか、そういったことも自然と身について行くものです。

私の上位10%②——財務・会計関連

財務諸表をある程度読めるということは、意外と希少性があるものです。本当の専門家ほど詳しくは読めないけれど、大まかには意味がわかるし、たくさんの企業の決算情報に実際に触れてきたことで、日々、少しずつレベルアップしてきたつもりです。これも上位10%はクリアーできているように感じています。

私の上位10％③——昇格投資関連

これは、優待株に日々触れていたことが幸いし、派生して身につけてきた知識です。優待株の中から1部昇格する銘柄が出てきたことで、どういう仕組みになっているのかを本やネットで調べていたら、いつのまにか投資に生かせるようになっていました。そして本を出せるくらいになりました。私よりもっと詳しい人がいることも知っていますが、上位10％はクリアーできているように思います。

このように、自分に合っていると思われる分野を日々追求していくことで、少数派でいられることを意識しています。

皆さんも、先人の知恵を拝借しながら、徐々に自分に合った投資は何なのかを見つけ、自分の武器に磨きをかけて行けば、いつか必ず、「やってきてよかった、報われた」と思う日が来るはずです。

多数派の発想にならないように気を付ける

逆に、うまくいかないでいる人たちを反面教師にするという発想もあります。

株取引をなんとなくやっている人の発想はたいてい、「手っ取り早く楽して儲けたい」というものです。たとえば株関連の記事を見ていても、専門誌以外の週刊誌などには「ラクラク」「誰でも」といった、多数派の興味を引く言葉が並んでいることからもわかります。すると、たいていは短期取引で値動きの激しい銘柄に惹かれて行きますから、そうした銘柄を得意とする人たちのカモにされてしまうのではないでしょうか。

それならば、その反対の発想で、「長期で見守るからゆっくり育ってほしい」と考えて、まだ人気化していない銘柄の中からじっくり探したらどうでしょう。そういう発想だと、結果的にリスクを抑え、着実に資産を増やしていく可能性が高くなるのではないでしょうか。

これは1つの例ではありますが、普通の人と同じレベルのことをしていても抜きん出ることは難しいことはしっかり自覚しておきましょう。残念ながら、普通の人は株式関連の知識が圧倒的に不足していますし、日々情報を仕入れることもしていないと思われます。ならば、その点を克服するだけで、圧倒的に有利な「少数派」のスタートラインには立てるはずです。

何をすればいいかは絶対的な答えがあるわけではなく、皆さん自身が自分の中で進化させていかなければならないものだとも思っています。私自身も、さまざまな著名投資家の本を読み、良い所を吸収し、自分の投資に対する枠組みを少しずつ作って行きました。そして、今もなお、日々進化させようとしています。うまくいかないことも日常茶飯事です。それでも好奇心を満足させてくれるのが株式市場という所だと思います。

自己責任を意識する

投資は自己責任であると当たり前のように使われますが、正直なところ、多数派の方たちは自己責任に対する覚悟が甘いのではないかと思うことがよくあります。株価が下がると社長のせい、政治のせい、アメリカのせい……本当に多数の人が愚痴をこぼしています。

愚痴を言いたくなる気持ちもわかりますが、そこはぐっとこらえて、そんな株を買った自分が悪いのだと言い聞かせなければなりません。

また、長い間ブログを書いていて思うことですが、私が他人に対して自己責任を強調すると、「自業自得」とまるで批判されているように感じる人もいるようです。

そうではなくて、たとえ大損をしてしまったとしても、**自分で結果を受け入れて、どこを改善すべきだったのか振り返ることで今後に生かしていくために、まずは自己責任と向き合わなければならない**ということなのです。

市場は時にとんでもなく理不尽な動きをするものであり、そんな中でどう生きていくか、それは自分自身が決めること。それが自己責任です。大暴落に荒れている中でも、各自が自分で受け止めなきゃ先に進めないよ、私自身も受け止めるよってお話なのです。なかなか理解してくれる人は多くないようですが、少数派の人はきっちり理解してくれています。

自己責任を受け入れている人にとって失敗は単なる失敗ではありません。そこであきらめてしまうのではなく、ではどうしたらうまくいく可能性が高まるのだろうかと考えること。考え続けているうちに、いろいろな新しい発見があり、自分に合っているのはこんな方法なのかもしれないと見えてきます。

また、投資する銘柄についても、誰かの意見を参考にするのは構いませんが、最終決定を下すのも、その結果を受け入れるのもいつも自分自身です。自問自答を繰り返して自ら判断し、決断し、その結果もすべて自分で受け入れる人が増えて欲しいと願っています。

大原則を忘れない

市場の暴落時など、株価に惑わされて平常心で判断できなくなることが私自身にもあります。けれど、何度も暴落を経験してみるとわかることですが、力のある企業の株価はしっかり戻ってきます。株価（価格）は短期的には人々の楽観と悲観で上下に振れますが、長期的にはその企業の保有資産や業績（価値）に見合ったものになるという大原則をどんな時も忘れずにいたいものです。そうすることで、暴落時に買いに行くことも怖くなくなります。

株式投資の正解は人それぞれ

ところで最近よく聞かれるようになった質問として、「損切りはどうやっていますか？」があります。個人的には損切りの話など別にしたくないのですけど、何で皆さんそんなに損切りの話が好きなんでしょう。そんな時は、「株価が単に下がっただけでは損切りせず、買った時の根拠や前提が崩れた時に考えます」と回答していますが、なぜか納得していただけないことが多いので正直疲れてしまいます。何％下がったら損切りするなどとわかりやすい回答を期待しているのではないかと感じることも多いです。

私の考えは割とシンプルで、株価の値動きを追うのがメインのトレーディングであれば、損切りラインを決めておくことは必須だと考えています。一方で、企業の価値に注目したバリュー投資であれば、損切りはいっそのこと不要でもいいと考えています。損切りのことを考える暇があったら、企業の分析に集中していた方が結果的に利益が出ることが多いからです。

ただ、価値の分析を間違うことは誰にでもあることです。また、市場の理不尽な暴落や災害などによる予想外の暴落もたびたび起こります。だからこそ、分散投資をすること、信用取引をしないことなどの別の部分で普段からリスクを制限しています。そうすると一定程度は含み損の銘柄が出てきますが、他の銘柄の値上がりがカバーしてくれればそれでいい、優待株であれば、優待も生活費の節約という形でカバーしてくれる、そうして全体としてプラスになればいいというのが私が好むスタンスです。

株式投資においては本質を追求することが大事です。けれど、正解は時により人により変わるものです。だからこそ、この本は、さまざまな知識と経験を提供する一方で、何が正解なのかは皆さん自身に考えていただくこと、日々考え続ける習慣を作るきっかけにしていただくことを願って作成しています。

株式投資の勉強は終わりなき追求の旅だと思っています。それなりに知識を身につけたとしても、必ずしもうまくいかない。市場は常に変化するものだからです。だからこそ、考え続ける習慣をつけることが大事だと思います。

Column

投資で伸びる人・伸びない人

ブログを運営していると、さまざまな人からコメントやメッセージを頂くことがあります。その質問内容によって、この人は伸びるだろうなとか、そうでないとか、なんとなくわかることもあります。何年も見ていると、面白いことに似たような質問が別の人からたびたび届くことがあるため、少しご紹介してみましょう。

伸びないと思う人の質問例

質問①「本を読んでいろいろなことがわかりました！　で、この手法を使って儲かる銘柄が手っ取り早く､効率的にわかるツールを教えてください」
⟶私の本を読んでいただいたのはありがたいのですが、儲かる銘柄が手っ取り早くわかるツールがあったら自分が使いたいです。まずは地道に手作業で銘柄を発掘する経験を積んではいかがでしょうか。効率はその先に見えてくるものです。最初から妙に効率ばかりを求めたがる人で、その後うまくいったという話を聞いたことがありません。
……けれど多数派の方は面倒な作業をやりたがらないという傾向も知っています。やはり、手っ取り早く楽して儲かるのが一番という発想なのでしょうね。

質問②「株式投資で成功するには1日何分勉強すればいいですか？」
⟶その人が過去にどの程度投資の勉強をして、どの程度の知識と経験があるのかもわからない中で回答を出せるはずがありません。ある分野で成功するためには1万時間かけることが必要という法則が有名なので、まずはそこを目指して何分勉強すればいいか考えてみてはいかがでしょうか。自分が目標とする人と比較して、自分に何が足りていないのかを把握することから始めるといいと思います。
……1万時間と言われたら何言ってるんだこの人は？　と思われてしまうのかな。でも私自身は1万時間なんて余裕で突破していると思います。その積み重ねの上に、1日30分とか1時間を株式投資に使うといった現状があるんです。

質問③「この銘柄はいいと思いますか？」
⟶私の知らない銘柄をいきなり聞かれても答えはすぐに出せるものではありません。
……多数派の方はそれが理解できないのかなと思うくらい、この質問をされることが多いです。そして、その銘柄の問題点を見つけて指摘すると、今度は怒り出したりします（苦笑）。

　要するに、自分の意見を言わずに「安易な答え」を求めてくる傾向があるのです。そういう質問をされると正直ストレスになるのですが、質問している本人はそのことを自覚していないように思います。

伸びると思う人の質問例

質問④「本やブログを読んでいろいろなことがわかりました（けれど自分はまだまだ深い所まで理解してないのかもしれないです）。この点について自分はこう思うのですが、いかがでしょうか？」
⟶本やブログを読んでいろいろ考えてくれている様子が伝わってきて嬉しく思います。気になる所は何度も読み返していると、経験を積むにつれてこういうことだったのかと本当の意味でわかる日が来ると思いますよ。

質問⑤「適時開示を毎日見るようにしていますが、優待情報を見逃してしまうことがあります。どうやったら見落とさないようになるか、何かいい方法はないでしょうか？」
⟶具体的な悩みと質問で非常に回答しやすいです。優待をキーワードに検索してみるのもありですし、そういう開示があった時に通知してくれるアプリなどツールもご紹介できます。

質問⑥「ブログに書かれていたこの銘柄について、私はこういった点が魅力だと思うのですが、どう思われるでしょうか？」
⟶私が調べている銘柄に対し、さらに気付きを与えてくれて嬉しくなります。真剣に検討して回答したくなりますね。

要するに、自分で精一杯考えて、とりあえず自分なりの答えを出している様子がうかがわれます。それを踏まえてアドバイスを求めてきている印象があるので、私としても応援したくなるし、伸びしろが大きそうな人だなと嬉しくなります。

こういった方はきっと、本に書いていないけど、この場合はどうなんだろうなどと自分で調べていくことで、周辺知識をどんどん身につけていくことでしょう。そして、知識がまだ不完全な段階から自分なりに実際に投資を実行し、トライ＆エラーを繰り返していくうちに、知識と経験の相乗効果が生まれ伸びていくと思います。

皆さんはどちら側にいますか？
もし前者に近いというのであれば、今後どうすれば変われるのか、ぜひご自身で考えて自分なりの答えを出し、実際に行動してみることをおすすめします。

おわりに

思い返せば、私が初めて財務・会計の世界に触れたのは大学1年生の時の簿記の講義でした。教授の書いた500ページ以上あろうかという分厚い本を「教科書」として強制的に買わされ講義に臨んだ結果、1回目の講義から訳がわからなくていきなり挫折した記憶があります。大学の講義とはこれほどまでに高度なのか、はたまた自分の理解力が足りないのか、本に書いてあることが複雑すぎて訳がわからないという衝撃を受けました。

その後、現状をどうにかしないといけないと、書店でいろいろと簿記の本を見てみました。すると初心者向けの薄い本がとてもわかりやすいことを発見し、ようやく財務・会計の世界の第一歩を踏み出せました。今となれば、初心者に分厚い本を買わせるのはあまりにも酷だとわかります。大学に行くより、初心者向けの本を使って自分で勉強した方が圧倒的に効率的でした。そんな世の中の矛盾を発見した所がスタート地点です。

使用する本や習う先生により、財務・会計関係の知識が身に付くかどうか、大きな差が出てしまうという現実が、今もなおあるのではないかと思います。しかも投資と結び付けた財務の知識となると、どうすれば身に付くのかわからず、もっと困難かもしれません。

投資と結び付けるときに大事なのは、大きな視点を身につけることです。そして目先のことにとらわれないことです。

優待株、資産株、成長株の特徴やライフサイクルといった概念を把握したとしても、すぐに明日から儲かるわけではありません。けれど、日々の投資生活の中で気付くことが増えてくるはずです。今まで見えていなかったものが見えるようになってくる。それが積み重なっていくと、自分自身でチャンスを発見できるようになります。

本書は投資と財務・会計の架け橋になることを願って作成したものです。18歳の頃の私自身と同じように、挫折した人を拾い上げたり、いろいろな気付きを得るための1つのきっかけになれるような本を目指しました。

あの頃は私も何もわかっていませんでした。けれど、10年単位で投資と財務・会計の両方に向き合い続けた結果、こんな本を書けるまでになりました。いろいろな知識をできるだけ関連付けて体系化しようと試みたうえで具体例と絡めましたので、読者の皆様に1つでも多く、何らかの気付きがあればと思います。

面白いことに、投資の世界では世間の常識と少し離れた視点から物事を見られる人が成功している印象があります。常識やセオリーというものを押さえた上で、あえてそれを疑ってみると、意外と人には見えていない世界を発見できたりするものです。そんな視点の一部も紹介してきました。

これを読んでくれた皆さんの中にも、今は初心者かもしれないけれど、10年単位で少しずつ前に進めば、いずれ途方もなく自分が進化していることに気付く人がきっと出てくるはずです。1人でも多く、そんな人が出てくることを願っております。

大事なことは、迷ったり悩んだりしながら、少しずつでも知っていることを増やし続けることです。そして実際の市場の中で考え続けることです。いつしか個別の知識の点と点が結ばれ線となり、線と線が結ばれ自分の中に体系が出来てくるはずです。

そんなに簡単なことではないけれど、年単位の努力は何らかの形で報われるものであると、私自身は考えていますし、皆さんにも一歩一歩進み続けて欲しいと願っております。

[著者]

v-com2（ブイコムツー）

マネー誌やブログでおなじみの人気個人投資家。2007年から投資ブログ「21世紀投資」を運営し、「ダイヤモンドZAi」や「日経マネー」などにもたびたび登場している。株主優待の新設や、株式分割などの情報から、東証１部への昇格を予測して先回りする手法などを得意としており、幅広い個人投資家から大きな支持を得ている。ブログ1万PV/日、著書に『昇格期待の優待バリュー株で１億稼ぐ！』（すばる舎・2015年刊）。

アメーバブログ「21世紀投資」
http://ameblo.jp/v-com2/

運、タイミング、テクニックに頼らない！
最強のファンダメンタル株式投資法

2017年３月24日　第１刷発行
2018年９月12日　第３刷発行

著　者──v-com2
発行所──ダイヤモンド社
〒150-8409　東京都渋谷区神宮前6-12-17
http://www.diamond.co.jp/
電話／03･5778･7232（編集）　03･5778･7240（販売）

装丁──krran（坂川朱音・西垂水敦）
本文デザイン─大谷昌稔
チャート協力─楽天証券（マーケットスピード）、地主南雲
製作進行──ダイヤモンド・グラフィック社
印刷──勇進印刷（本文）・加藤文明社（カバー）
製本──本間製本
編集担当──真田友美

ISBN 978-4-478-10071-4

※本書は、特に記載のない場合は2017年3月1日時点での情報・データを基にしています。※投資は情報を確認し、ご自分の判断で行ってください。本書を利用したことによるいかなる損害などについても、著者および出版社はその責任を負いません。